MEXIKO

Mexiko mit seinem Feigenkaktus und der Schlange, blühendes, stachliges Mexiko, trocken und orkanreich, gewaltig in Entwurf und Farbe, gewaltig in Eruption und Kreation, Mexiko hüllte mich ein in seine Zauberei und sein überraschendes Licht.
Ich habe es jahrelang durchwandert, von Markt zu Markt. Denn Mexiko lebt auf seinen Märkten. Es lebt nicht in den kehligen Liedern seiner Filme, nicht im bäurischen Kitsch von Schnauzbart und Pistole. Mexiko ist ein Land der karminroten und türkisschillernden Umhänge. Mexiko ist ein Land der Gefäße und Krüge und der von einem Insektenschwarm zerfressenen Früchte. Mexiko ist ein unendlich großes Feld von stahlblaufarbenen, gelbstachligen Agaven.
All das bieten die schönsten Märkte der Welt. Frucht und Wolle, Ton und Webstuhl beweisen den erstaunlichen Reichtum der fruchtbaren, ewigen mexikanischen Hände.

Pablo Neruda, Ich bekenne, ich habe gelebt

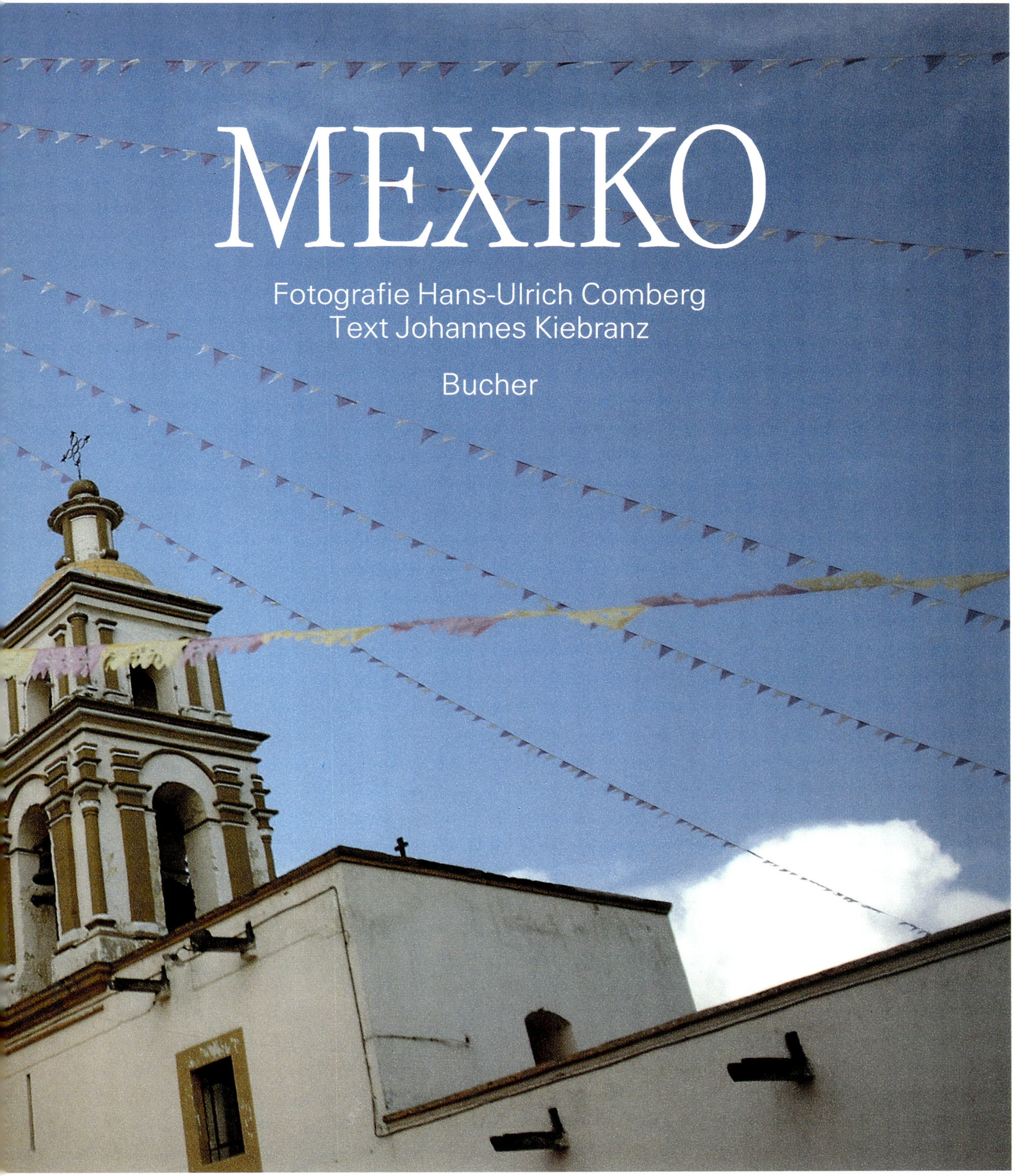

MEXIKO

Fotografie Hans-Ulrich Comberg
Text Johannes Kiebranz

Bucher

Inhalt

Seite 1: Markt in San Cristobal de las Casas.
Seite 2/3: Die Kirche Santa Maria Zacatepec bei Puebla.
Links: Markt in San Cristobal de las Casas.

Maske aus Malinaltepec, Guerrero, im 1964 eröffneten Anthropologischen Museum in Mexico City.

Vorangegangene Doppelseite: In der Wüstenlandschaft bei Sonoyta, Sonora, nahe der Grenze zu Arizona gedeihen die mächtigen Orgelkakteen.

Mexiko – Eindrücke im Zwielicht

Am zweiten Tag nach meiner Ankunft in Mexiko wurde ich in einen kleinen, den meisten Touristen unbekannten Wallfahrtsort in der Nähe von Mexico City mitgenommen. Es war die Osterwoche, und Pilger bewegten sich in kleinen Gruppen auf die große Kirche von Chalma zu. Im Ort selbst war anläßlich des Osterfestes um die Kirche herum ein bunter Markt aufgebaut worden. Neben exotischen Früchten, allen Arten von Gemüse, Fleisch und Wurst wurden auch Haushaltsartikel und Votivgaben feilgeboten. Allein das farbenprächtige, laute Gewirr des Marktes versetzte mich in fassungsloses Staunen; zusammen mit den Pilgern gab es dem ganzen Bild fast etwas Unwirkliches.

Während ich selbst zur Kirche hinüberging, fiel mir eine alte Indiofrau auf, die auf der untersten Stufe eines Brunnens saß und wie versteinert zu Boden schaute.

Es war genaugenommen meine erste wirkliche Begegnung mit einem Gesicht, das ich bislang nur von Photos oder aus Westernfilmen kannte, und seine Fremdartigkeit zog mich so in Bann, daß ich stehenblieb und die Frau unverhohlen anstarrte. Sie erinnerte mich an eine kleine Figur von Barlach, nur ihre Gesichtszüge waren härter, verbrauchter. Die Wangenknochen traten stark hervor, die Gesichtshaut war tief gefurcht, unter dem *rebozo* – dem grauschwarzen breiten Schal, den viele Indianerinnen über den Kopf legen, dabei ein Ende breit und offen nach vorne fallenlassen und das andere über die Schulter werfen – konnte ich weißmelierte, streng nach hinten gekämmte Haare erkennen, die in starkem Kontrast zu ihrer dunklen, bronzefarbenen Haut standen.

Plötzlich, als habe sie gefühlt, beobachtet zu werden, bewegte sie abwehrend die Hand, wandte den Kopf in meine Richtung und sah mich an – nicht vorwurfsvoll oder verärgert, eher mit einem zurückgenommenen Blick, doch eindeutig abweisend. Sie schaute nur ganz kurz auf und entzog sich meinem Blick, indem sie den Schal weit vors Gesicht zog, um anschließend wieder in ihre gebückte Haltung zurückzufallen. Ich fühlte mich ertappt, so, als hätte ich etwas gesehen, was zu sehen mir aber nicht erlaubt war.

Rückblickend muß ich sagen, daß die Begegnung mit dieser mir unbekannten Frau zu einem Schlüsselerlebnis werden sollte, was meine Begegnung mit dem Land Mexiko betrifft.

Jeder, der in ein ihm fremdes Land kommt, nicht nur mit dem Ziel, dort einen erholsamen Urlaub zu genießen, sondern auch mit der Absicht, neue Erfahrungen und Erkenntnisse zu sammeln, wird zunächst versuchen, Türen zu öffnen, um über das Wesen dieses Landes und seiner Bewohner etwas mehr in Erfahrung zu bringen. In Mexiko mußte ich jedoch feststellen, daß man zwar Türen öffnen darf, aber in dem Augenblick, in dem man über die Schwelle treten möchte, entweder die Tür wieder verschlossen vorfindet oder einem der Eintritt verwehrt wird.

La tierra – Das Land

Das beginnt bereits damit, daß die klischeehafte Vorstellung, die man als Europäer von Mexiko hat – Sonne, weite Strände, blaues Meer, Pyramiden im Hintergrund, Mariachimusik, Cowboys mit breiten Hüten, Riesenkakteen, Indianerromantik und vieles

Nahe der Pazifikküste erheben sich die Zwillingsvulkane El Nevado und Colima bis zu einer Höhe von über 4000 Metern.

mehr –, vom ersten Augenblick an ins Wanken gerät, daß man von seinem scheinbar so gesicherten Standpunkt erst einmal weit abrücken muß, um der Wirklichkeit gerecht zu werden. Aus der räumlichen Distanz zu Mexiko sieht man zum Beispiel das Land fast klein und unbedeutend zwischen Giganten liegen: im Norden die Vereinigten Staaten, im Westen der Pazifische Ozean, östlich der Atlantik und im Süden der südamerikanische Kontinentalblock.

Daß Mexiko mit einer Gesamtfläche von fast zwei Millionen Quadratkilometern nach Brasilien und Argentinien das drittgrößte Land Lateinamerikas ist, bleibt bestenfalls eine statistische Angabe, entzieht sich aber jeder sinnlichen Erfahrung, genauso wie meist nicht realisiert wird, daß der größte Teil der Landmasse von Mexiko zu Nordamerika gehört und diesen Kontinentalteil nach Süden abschließt; der erheblich kleinere Südteil von Mexiko mit den Staaten Tabasco, Campeche, Yucatán, Quintana Roo und Chiapas schlägt ab dem Isthmus von Tehuantepec die Brücke zu Mittelamerika. Überraschend die Tatsache, daß sich das Leben des Mexikaners – obwohl sein Land von zwei riesigen Ozeanen umspült wird – fast ausschließlich auf das Festland konzentriert. Das Land, *la tierra*, ist der zentrale Begriff, über den man Mexiko erfährt und verstehen lernt. Dieses Land wiederum ist in seiner ausgeprägten Struktur bestimmend für vieles, was sich in Mexiko ereignet und ereignet hat.

Zwei gewaltige Kordilleren – die Sierra Madre Occidental und die Sierra Madre Oriental – verlaufen relativ nahe zu beiden Küsten von Nord nach Süd, gehen dann an der nördlichen Grenze der Haupterdbebenzone in die Mesa Central über, die, zerklüftet und von Hochebenen durchzogen, von einem quer von Ost nach West verlaufenden Vulkangürtel nach Süden abgeriegelt wird. Dessen höchste Erhebungen, wie zum Beispiel der Pico de Orizaba, Popocatépetl oder Ixtaccíhuatl, liegen zwischen 5200 und 5700 Metern. Die beiden Sierras umschließen das nach Norden geöffnete Herzstück Mexikos, das zentrale Hochland.

Der Hafen von Veracruz mit dem Kastell von San Juan de Ulua (1855). Die Hafen- und Handelsstadt am Atlantik war die erste Gründung der Spanier (1519) auf mexikanischem Boden.

Mexiko liegt geographisch zwar im äußersten nördlichen Tropengürtel, doch das Klima ist keineswegs überall tropisch feucht und warm. Drei Zonen werden unterschieden: die kalte Zone, *tierra fría*, zu der das gesamte Hochland und die Gebirge zählen, somit also der größte Teil des Landes; dann die gemäßigte Zone, *tierra templada*, und schließlich die heiße Zone, *tierra caliente*, das gesamte südliche Tiefland und die relativ schmalen Küstenebenen im Osten und Westen des Landes.

Bereits in präkolumbischer Zeit war das Hochland der Mesa Central eine Verdichtungszone für die von Norden einfallenden Stämme, heute lebt mehr als die Hälfte der gesamten mexikanischen Bevölkerung in diesem Ballungsraum, während andererseits noch immer ein Großteil des Landes unbesiedelt und kaum erschlossen ist.

La tierra – das Land: nicht nur eine klare geologische Gegebenheit, sondern auch Symbol für Widersprüche, Armut und Reichtum, für Eroberung, Ausbeutung, Härte und Lebenskampf, für Erniedrigung, für Mißwirtschaft und Ungerechtigkeit, für vorbildliche Agrarplanung bei den Azteken, Symbol für Unterentwicklung im Gegensatz zur hochindustrialisierten Stadt, Symbol für Trockenheit, Dürre und Kargheit, doch auch für üppige Vegetation, reiche Ernte, Großgrundbesitz, Sinnbild für landschaftlich faszinierende Kontraste, bizarre Schönheit, für zerstörte Kulturen, fast vergessene Mythen und nicht zuletzt für Freiheit – «Land und Freiheit»: der Kampfruf Emiliano Zapatas.

Mexiko gehört erdgeschichtlich gesehen zu einem sehr jungen Kontinent. Die Gebirge sind sehr hoch, noch rauh und ungeschliffen, Basalt ist größtenteils der Untergrund; Erdbeben und Vulkanausbrüche rufen in Erinnerung, wie sehr noch alles in Bewegung, wie wenig alles gefestigt ist, wie brüchig letztendlich. Ein Blick auf die zerklüfteten Gebirge, die aufgerissenen Täler, die Schründe überall drängt den Vergleich auf, von einem verwundeten, einem verletzbaren Land zu sprechen.

Die Begegnung mit Mexiko ist von allem Anfang an zugleich eine Begegnung mit der eigenen Ratlosigkeit. Keiner der Eindrücke, die man glaubt, gewonnen zu haben, bleibt

Das Reiseland. Am Strand von Acapulco: jahrhundertelang wichtiger Hafen am Pazifik, dann Inbegriff des mondänen Urlaubsorts in den Tropen, heute touristisches Zentrum mit fast einer Million Einwohnern.

als fest haften. Jedes einmal eingeprägte Erlebnis unterliegt einer fortwährenden Veränderung, diese wiederum schafft Verwirrung, läßt einen unsicher werden.

Man kommt in dieses Land und glaubt, durch gewisse Vorinformationen den Weg schon vorgezeichnet zu haben, auf dem man sich bewegen wird. Doch alles ist fremder, unerwarteter, als man das aus der Entfernung angenommen hat. Mehr noch – von allem ist viel mehr da, als vermutet, nicht nur der Menge nach, auch qualitativ. Man hat die riesige Entfernung zwischen dem Ausgangspunkt und dem Zielpunkt dank der technischen Errungenschaften in wenigen Stunden überwunden, doch der Sprung rächt sich. Es fehlt die Einstimmung, die Möglichkeit des allmählichen Vordenkens, wie sie vielleicht noch Alexander von Humboldt auf seiner Seereise nach Mexiko nutzen konnte. Zuviel Neues und zuviel Altes – von beidem ahnte man nur wenig – strömt von allen Seiten auf einen ein: Die Zahl der Menschen und Autos in der Hauptstadt, obwohl als Zahlengröße bekannt, ist in Wirklichkeit noch unermeßlich größer. Die Sprache ist neu, die Ordnung der Gesellschaft, der Zusammenprall von alter und neuer Kultur, die Lebensweise, die Vielfalt der Farben, Stimmen und Gerüche – einfach alles. Es kostet Mühe, diese zunehmende Wirklichkeit zu erfassen, zu verarbeiten, denn nichts mehr ist selbstverständlich oder vertraut. Eine unangenehme Erfahrung stellt sich ein – die nämlich, erkennen zu müssen, daß keine der vorgefaßten Meinungen mehr haltbar ist, daß die erlebte Wirklichkeit alles gespeicherte Wissen in Frage stellt, daß weder Photos noch Filme oder Bücher und schon gar nicht die Haltung des modernen Eroberers oder Ignoranten einem den Zugang zu all dem Neuen, all dem anderen eröffnen werden.

Wir schreiben nicht das Jahr 1799, es wartet keine Korvette namens «Pizarro», auf der wir uns einschiffen und der Alten Welt den Rücken kehren, um für die nächsten Jahre eine Forschungsreise durch die Neue Welt anzutreten, um uns an Ort und Stelle eingehend und kritisch mit einer uns bisher unbekannten Wirklichkeit auseinanderzusetzen, wie es damals Alexander von Humboldt tat. Wer von uns heute ins Land der Azteken aufbricht,

«Acapulco-Bay, das ist der schönste und beste Naturhafen der Welt» (Teddy Stauffer).

der hat meist nicht mehr als vier bis fünf Wochen zu seiner Verfügung und kommt außerdem nicht in erster Linie, um zu erforschen, sondern vielmehr, um Erholung zu suchen. Auch reisen wir nicht mehr allein. In Massen werden wir ins Land geschleust. Und mit Sicherheit wird man uns nicht mehr empfangen wie ehemals Humboldt, auch wird man uns kein Denkmal setzen für unsere etwaige humanistische Haltung dem Land und seinen Leuten gegenüber. Wir sind geduldet, doch unser Wert ist kein ideeller, man schätzt uns wegen unseres Geldes, das wir im Land lassen.

Mexiko ist ein Reiseland geworden wie viele andere Länder auch. Es hat sich seit langem schon dem Massentourismus geöffnet, hat alles getan, um seinen Besuchern – seien es die Nordamerikaner oder die Europäer – allen nur erdenklichen Komfort zu bieten. Auch diesem Umstand muß Rechnung getragen werden, will man verstehen, warum heutzutage ein echter Zugang zu Mexiko fast nicht mehr vorstellbar ist.

Der Mexikaner plant das Jahr: Im Winter bereitet er sich auf die Invasion aus dem amerikanischen Norden vor, im Sommer öffnet er seine Türen für den Zustrom aus Europa, vornehmlich aus der Bundesrepublik. Die «Secretaría del turismo» – das «Amt für Tourismus» – erschließt laufend neue Erholungszentren. Was früher zum exklusiven und mondänen Sport weniger gehörte – den Winter in Acapulco zu verbringen –, ist mittlerweile für viele erschwinglich geworden. Es ist zudem nicht mehr nur Acapulco, das einlädt zu sonnigen Stränden und heißen tropischen Nächten, die Zahl der exotischen, attraktiven Refugien am Meer ist im Lauf der Jahre gestiegen und wächst ständig weiter an. Die Erschließungen heißen unter anderem Cozumel, Cancún, Puerto Escondido, Isla Mujeres, Puerto Vallarta, Zihuatanejo oder Manzanillo. Sie versprechen das ganze Jahr Sonne, Surfer- und Taucherfreuden, unbeschwerte Tage auf weiten, weichen Sandstränden, klares Wasser, ausgelassenes Nachtleben – kurzum: einen hohen Freizeitwert.

Kleine Häfen, verträumte Fischerdörfer wurden und werden zu diesem Zweck umstrukturiert, die Hütten der Einheimischen abgerissen, es wird Platz geschaffen für

Die Menschen. Sehr viele sind angeschwemmt in die Straßen der Riesenstadt auf der Suche nach schwer erreichbarer Arbeit.

gewaltige unattraktive Hotelgiganten. Rentabilität verdrängt die Ursprünglichkeit. Mexiko unterscheidet sich in diesem Punkt in nichts von den Touristendorados in Südeuropa. Gewiß, es gibt den Reiz, der von Acapulco ausgeht, man kann sich ihm nicht einfach dadurch entziehen, daß man sagt, der Tourismus habe alles zerstört. Die Bucht ist sicherlich eine der schönsten der Welt, doch das Leben in Acapulco ist nicht mehr mexikanisch, es ist austauschbar mit dem in Rimini oder Torremolinos, ganz zu schweigen von den Gefahren, die durch die saisonbedingte Überlastung mittlerweile in Acapulco offen zutage treten. Was bedeutet schon noch die schönste Bucht, der grandioseste glutrote Sonnenuntergang über dem Pazifik, wenn man die Erfrischung des blauen Ozeans nicht mehr ungetrübt genießen darf, weil seine Wasser unterdessen stinken, weil die Bucht durch den Zufluß der Kloake aus den vielen Hotels und der dahinterliegenden Stadt zu einem Infektionsherd geworden ist. Da sucht man besser zum Schwimmen, ohne Hepatitis- oder Typhusgefahr, in den lauwarmen Swimmingpools der Hotels Zuflucht.

Was aber dann? Es gibt noch viele andere, oft atemberaubendere Erlebnisse in Mexiko. Die mexikanische Wirklichkeit ist vielfach geteilt in kleine und kleinste Einheiten, erfaßbar von mehr als nur einer Richtung her. Eine dieser Einheiten, dieser Facetten mexikanischer Wirklichkeit, ist das Gebiet der Tarahumaras im Norden des Landes inmitten der zerklüfteten, bizarren Felsgebirge der Sierra Madre Occidental. Gewaltige Ströme haben vor Urzeiten die Berge zernagt, haben bis zu hundertfünfzig Meter tiefe Schluchten ins Gestein gefressen. Der bedeutendste dieser Canyons, die *barranca del cobre,* trägt ihren Namen aufgrund der Kupferfunde, die man dort im 17. Jahrhundert in überreichem Maß machte. Auf dem Boden dieses Canyons gedeihen Orchideen, Blumen der seltensten Art und tropische Früchte in großer Fülle. Zur Hochzeit des Kupferabbaus wurde durch die unwegsame Gegend eine Eisenbahnlinie gelegt, um die Schätze zu transportieren. Heute kann man auf dieser Bahnlinie eine der aufregendsten und schönsten

Auf der Plaza Garibaldi in Mexico City

Reisen der Welt unternehmen. Sie beginnt in Chihuahua, einer wenig reizvollen Stadt im Norden Mexikos, und führt in zwölf Stunden durch die herbe Wildnis der Sierra über die Canyons, eine schmale, lange Brücke und durch achtzig unheimliche Tunnels hinunter zur Pazifikküste, in die Bucht von Topolobampo nach Los Mochis. Innerhalb eines Tages durchlebt man Welten widersprüchlichsten Charakters. Aus hoher zerrissener Gebirgswelt mit tiefen Schluchten fährt man langsam hinunter ins flache Land mit seinen riesigen Plantagen, auf denen Tabak, Orangen, Avocados, Mameys und Grapefruits angebaut werden, hinein in die laue, tropische Nacht des Pazifiks.

Oder Michoacán, westlich von Mexico City gelegen und wegen seiner ewig grünen Landschaft als die Schweiz Mexikos bezeichnet. Man fährt mit dem Auto oder dem Bus, dem Hauptverkehrsmittel der Mexikaner, und gelangt an eine Aussichtsplattform am Rand der Straße, die gleich hinunterführen wird zur Hauptstadt des Bundesstaates, nach Morelia. «Mil Cumbres» – «Tausend Hügel» steht auf einem Schild. Und in der Tat, soweit das Auge reicht, erheben sich unendlich weit ins Land hinein unzählige, mit sattem grünem Wald bestandene hohe Berggipfel, verlieren sich irgendwann im Dunst der Weite. Die Fahrt nach Morelia ist nun ein Slalom durch diese «Tausend Hügel», doch schließlich liegt vor einem eine der schönsten kolonialen Städte Mexikos, die einem den Atem raubt. Die Häuser aus rötlichem Stein stehen vor der Kulisse massiver Berge, gegen einen strahlend blauen Himmel, und vermitteln den Eindruck von etwas Märchenhaftem.

Von Morelia aus führt eine kleine Straße in die Ortschaft Tzintzuntzán. Dort hat ein amerikanischer Archäologe die einzige Rundpyramide Mexikos ausgegraben, eine Kultstätte des Volksstamms der Tarasker, die noch heute in Morelia ansässig sind. Man sitzt oben auf dem Kegelstumpf der Pyramide und schaut in ein weites Tal, in dessen Zentrum sich ein im Sonnenlicht silbern glänzender See ausbreitet, den die Bewohner dieser Gegend das «Auge Gottes» nennen. Genau gegenüber der Pyramide, im Fluchtpunkt des Auges, erhebt sich in dunstiger Ferne ein Berg; seine Form ist identisch mit dem Pyramidenstumpf. Nicht weit von Tzintzuntzán liegt der Lago de Pátzcuaro, ein ruhiger, weiter See, in dem die Fischer mit den berühmten Schmetterlingsnetzen die *blancos*, die weißen Fische, fangen. In diesem See liegt die kleine Insel Janitzio. Häuser kleben an den Hängen, die Insel wird von Taraskern bewohnt. Über den See ziehen Nebelschwaden und verhüllen die Insel mit dem häßlichen Betondenkmal für Morelos. Ungeahnte Ruhe breitet sich aus. Doch die Idylle trügt. Auch hier hat der Tourismus seine Spuren hinterlassen. Die Fischer entfalten in der Saison ihre Netze nur noch gegen harte Devisen, und manches Kind auf Janitzio bietet dem Reisenden an – gegen Bezahlung natürlich –, einige Verse taraskischer Dichtung in der faszinierenden Muttersprache vorzutragen. Selbst die berühmten Riten zum «día de los muertos», zum Allerseelentag, tragen mittlerweile mehr kommerziellen als traditionellen Charakter.

Immer größer wird das Verlangen, noch mehr von diesem Land kennenlernen zu wollen. Es treibt einen weiter zu den Wasserfällen von Uruapan, die Küstenstraße hinunter nach Süden, nach Salina Cruz, von wo es gilt, das nächste Ziel hoch oben im verschachtelten Bergland Südmexikos zu erreichen: Oaxaca im Staat Oaxaca. Ein völlig neuer Charakter. Das Grün Michoacáns weicht immer mehr einem rötlichen Braun, trokkener ist die Erde hier, etwas ausgebrannt. Es ist das Land der Mixteken und Zapoteken. Oaxaca selbst ist wie die meisten Städte im Land ganz im Schachbrettmuster angelegt. Diese Bauweise geht zurück auf die Stadtkultur des Volksstamms, dem die riesigen Tempelanlagen von Teotihuacán zugeschrieben werden. Die Azteken übernahmen diese Bauweise und verbreiteten sie über ihren gesamten Herrschaftsbereich, und selbst die Spanier behielten die alte Architektur der Städte bei. Entlang rechtwinklig aufeinanderstoßender Straßen erheben sich massive Gebäudekomplexe, deren tatsächlicher Reiz sich aber erst in ihrem Inneren entfaltet: weite, lichte, mit Blumen bestandene Innenhöfe, Galerien an den Innenseiten der Häuser, oft Springbrunnen in der Mitte des Hofes.

Am nordöstlichen Stadtrand von Oaxaca erhebt sich Monte Albán, das zeremonielle Zentrum der Zapoteken, auf einem vierhundert Meter über dem Hochtal der Sierra Madre del Sur liegenden Bergrücken. Hier war man nicht nur den Göttern näher, man hatte und hat von diesem Punkt aus einen strategisch äußerst günstigen Blick über die meisten Täler, die hier zusammenkommen. Das Bergland von Oaxaca ist rauh, die Menschen sind verschlossener als anderswo; man spürt, daß dieser Teil des Landes abseits liegt von der industriellen Entwicklung, die in all den anderen Städten so rasch vonstatten geht, jenseits des Vulkangürtels in der Nähe von Mexico City.

Ein Sprung hinüber ins südliche Tiefland von Yucatán eröffnet dem, der sich für die Kulturen der Maya interessiert, ein schier unerschöpfliches Terrain, das landschaftlich viel ausgeglichener ist als das zentrale mexikanische Hochland. Das Auge konzentriert sich mehr auf die alten Kultstätten der Maya: Uxmal, Chichén Itzá oder Tulum und Palenque. Uxmal und Chichén Itzá liegen in flacher, welliger Landschaft. Beide Kultstätten lassen den starken Einfluß erkennen, den die Tolteken auf die Maya ausübten. So erinnert zum Beispiel der Säulenwald vor der sockelförmigen Pyramide in Chichén Itzá auffallend an die riesigen Atlanten im Heiligtum der Tolteken in Tula, nördlich von Mexico City. Den unermüdlich Reisenden aber zieht es weiter die Atlantikküste hinauf über Campeche und Tabasco, dessen Erdölquellen Mexiko zu neuem Wohlstand verhalfen, über den Río Papaloapan nach Veracruz.

Veracruz, die älteste koloniale Hafenstadt Mexikos, der Ort an dem Cortés das Land der Azteken betrat, hat seine ganz besonderen Reize. Es ist eine der wenigen Städte, deren Gebäude in strahlendem Weiß leuchten. Auch die Nationalkleidung der Veracruzaner ist in ihrem Grundton weiß. Um den Zócalo, den Hauptplatz der Stadt, reihen sich illustre Hotels aus kolonialer Zeit, in deren berühmtestem, dem «Hotel Diligencias», sich über Jahrzehnte hinweg die bekanntesten Schriftsteller Amerikas und Europas eingemietet hatten.

Man sitzt im «Café de la Parroquia», unter den kühlen Arkaden, schlägt mit dem Kaffeelöffel laut an sein leeres Glas; ein Junge kommt und gießt aus voller Höhe und mit

Fortsetzung Seite 33

Mexico City. An der Spitze der mit allegorischen Figuren geschmückten Säule des Monumento a la Independencia: El Angel, der Siegesengel.

Nächste Doppelseite: Mexico City bei Nacht. Große Zeugnisse der Vergangenheit, aber auch die ökologischen Probleme einer 19-Millionen-Einwohnerschaft bestimmen das Bild der mexikanischen Hauptstadt.

Stierkampf, Musik und Tanz. Die Spanier, die 1521 das Land in Besitz nahmen, prägten durch ihre kulturellen Traditionen auch das Brauchtum «Neu-Spaniens».

In der Musik und im Tanz verbinden sich die Elemente zweier Kulturen: Synthese spanischer Melodik und indianischer Melancholie.

Portal des Sagrario Metropolitano, das an die Kathedrale von Mexico City angrenzt. Musterbei-

Monte Albán, die Bergstadt der Zapoteken. Zwischen 400 und 200 v. Chr. wurde hoch über dem Tal auf einer Fläche von 200 mal 300 Meter der Berg abgegraben, um Platz für das weitläufige Kulturzentrum zu schaffen.

Die Nischenpyramide von El Tajín («der Blitz»). Das 18 Meter hohe Bauwerk ist der besterhaltene Teil der Anlage der Tolteken. 364 Nischen, die rein ornamental verwendet wurden, sind an der Pyramide zu finden.

Das Ausgrabungsfeld von Cholula bei Puebla, Tempelstadt der Tlaxcalteken. Wichtigstes Bauwerk war die Tempelpyramide, deren gigantische Anlage – die Basis bedeckte ein Areal von 17 Hektar – in der Kolonialzeit vielfach überbaut wurde. Auf der Höhe die Wallfahrtskirche Santa Maria de los Remedios.

Die Pyramide von Tenayuca, deren Kern vermutlich von den Chichimeken zwischen 1200 und 1300 n. Chr. erbaut wurde.

Teotihuacán, «Ort der Götter», nannten die Azteken die großartigste Tempelstadt Altmexikos, die sie verfallen vorfanden und die wohl um 100 v. Chr. entstanden war. Im Bild die Via Sacra, die Hauptachse des Zeremonialzentrums.

Die Sonnenpyramide von Teotihuacán. Im Zentrum der Tempelstadt erhebt sich das größte Bauwerk in fünf Terrassen bis zu einer Höhe von 63 Metern. Seine Baumasse übertrifft selbst die Cheopspyramide in Ägypten.

Tula, die Hauptstadt der Tolteken. Auf der oberen Plattform der Hauptpyramide die fünf Atlanten, toltekische Krieger, die einst das Dach des Morgensterntempels trugen.

Steinskulptur der Erdgöttin Coatlicue. Die Hände und Füße der aztekischen Figur enden in Tierkrallen, den Rock hält ein Schädel zusammen (Nationalmuseum Mexico City).

Vorherige Doppelseite: Mehr als 5000 Meter hoch sind die Berggipfel des zentralen Hochlands. Im Hintergrund der Popocatépetl, mit 5414 Metern Mexikos zweithöchster Berg.

vollem Schwung aus einer kleinen Kanne würzigen Kaffee-Extrakt und gleichzeitig aus einer großen heiße, dampfende Milch ins Glas. Kein Tropfen geht daneben. Dazu ißt man etwas *pan dulce* – süßes Gebäck. Man genießt die südlich entspannte Atmosphäre, die einzigartige Heiterkeit. Auf dem Zócalo spielen die Marimbas, Musik und Tanz liegen in der Luft. Veracruz «swingt», wie man sagen würde. Der Wermutstropfen sind die kalten Nordwinde – *los nortes* –, die in der Zeit von Oktober bis Mai unverhofft von Kanada hereinbrechen können und innerhalb von Stunden die Temperaturen um zwanzig Grad sinken lassen. Es ist gelegentlich schon vorgekommen, daß auch Schnee fiel.

Es ist Nacht geworden. Der Zug nach Mexico City fährt bald ab. Auf dem Weg zum Bahnhof kommt man vielleicht an einem großen Überlandbus vorbei. Er steht abseits vom Getriebe des Marktplatzes schwach beleuchtet am Straßenrand. Vorne trägt er wie alle Busse das Schild mit der Aufschrift: «Jesu Cristo – nuestra única esperanza» – «Jesus Christus – unsere einzige Hoffnung», an der rückwärtigen Stoßstange hängen, sorgfältig an ihren langen, nackten Schwänzen aufgeknüpft, drei riesige Ratten mit blutig geschleiften Schnauzen. Eine gespenstische Trophäe, im Hintergrund die leichtbeschwingte Marimbamusik. Und während der Zug sich durch die Nacht und das Gebirge hinaufwindet in die Hauptstadt des Landes, wird einem immer deutlicher klar, wie wenig die Zeit reicht, um all das übrige, das es noch zu sehen gäbe, zu erkunden: Orte, die man vielleicht nicht mehr besuchen kann, Namen wie Guadalajara, Guanajuato oder Taxco – vielleicht werden sie nur Namen bleiben, wie vieles, vieles mehr.

Abschied 1

Frühnachmittag, Anfang November: Mexico City. Wie an den meisten Tagen des Jahres brüllt die Stadt. Die Vorstellung, hier jemals einen Ort zu finden, an dem man zur Ruhe kommen könnte, ist seit langem schon lähmender Resignation gewichen. Zwar gibt es die Oasen der Stille: begrünte Villen, alte Kolonialhäuser, kleinen Bastionen gleich, im Süden und Südwesten der Stadt, in Coyoacán, San Angel, Lomas oder Pedregal, an den Hängen der Berge, in die sich die Hauptstadt zwängt wie in die Mündung eines Trichters. Von dort aus läßt sich der Lärm der Straßen, das unentwirrbare Netz von Stimmen und Geräuschen aus den unzähligen Häusern wie entferntes Branden eines Meeres an der Küste vernehmen. Doch die Stunden der Ruhe, die einer in der Abgeschiedenheit hinter dicken Mauern verbringt, sind trügerisch. Sie gleichen mehr einem Waffenstillstand, den man für kurze Zeit vereinbart hat. Spätestens am nächsten Morgen wird die Ruhe mit jedem Kilometer verschlissen, den man sich stockend und stauend wieder hineinfressen muß in das sinnlose Chaos der Großstadt. Wo der Lärm der Autos abschwillt, da sind die Menschen und – überall und unausweichlich der Schmutz in der Luft. Mit der Zeit stumpft man ab. Damit muß man leben. So etwas wird mit einem leichten Zucken der Schultern kommentiert: «So ist es nun eben mal.»

Die Wohnung verbreitet Aufbruchstimmung. Mein Entschluß, das Land zu verlassen, für lange, wenn nicht gar für immer, ist gefaßt. Der Zeitpunkt der Abreise liegt greifbar nah, und dennoch verspüre ich seit Stunden keine rechte Lust mehr, meine letzten Sachen zu packen; letzte kleine Handgriffe – nur, daß ich sie nicht tue, zeigt, daß irgend etwas mich nicht gehen lassen will. Eine innere Unruhe macht sich breit.

Ich war noch ein letztes Mal in der Stadt, besser gesagt, im Zentrum der Stadt. Es gab keinen ersichtlichen Grund, Neugierde vielleicht, ein wenig das Gefühl, ich könnte etwas übersehen, etwas versäumt haben. Wer nicht als Tourist hier lebt, der hastet nach geraumer Zeit nicht mehr von Sehenswürdigkeit zu Sehenswürdigkeit, der bewegt sich ganz einfach aus Gründen der Kraftersparnis oder auch des Überlebens in einem kleinen, genau abgezirkelten Radius.

Es war, so zeitig am Morgen, kalt; Mexiko kann sehr kalt sein. Zwar lebt man in den Tropen, doch allzu leicht wird vergessen, daß man in etwa 2200 Metern Höhe wohnt.

Tierra fría – kalte Zone. Ein nicht enden wollender Strom von Menschen drängt die Treppe zur Metro hinunter, zur U-Bahn, die keine ausländische Firma bauen wollte mit der Begründung, das Erdbebenrisiko sei zu hoch, bis schließlich die Mexikaner sich entschlossen, das Projekt selbst in die Hand zu nehmen. Mit Erfolg.

In den überfüllten Stationen ertönt klassische Musik. Heute sind es die Ungarischen Tänze von Brahms, vor einigen Tagen verfolgte einen die Matthäus-Passion. Zweimal umsteigen. Ein Netz von langen Gängen schleust die Menschen über spiegelglatte Steinböden zum nächsten Bahnsteig. Dort selbst sind dicke Seile gespannt. Polizisten achten darauf, daß in die vorderen Wagen nur Frauen und Mädchen, in die hinteren nur Männer und Jungen einsteigen. Eine Vorsichtsmaßnahme, da ansonsten die Frauen während der Fahrt in den überfüllten Wagen von den Männern belästigt würden.

Ich gehe stundenlang durchs Zentrum, lasse mich treiben: vorbei an den Schuhputzern vor den Eingängen der großen Hotels, vorbei an den vielen Zeitungsständen; überall Männer und Frauen mit riesigen Sträußen von bunten Luftballons, kitschige Souvenirläden, fliegende Händler; Indiofrauen mit Kindern auf dem Arm strecken die Hand nach ein paar Pesos aus, man beachtet sie nicht, die Masse schiebt sich vor und zurück, drängt in die Seitenstraßen, es wird gesprochen, geschrien, gesungen; manchmal fliehe ich in eine Kirche oder einen der prächtigen Innenhöfe, still und kühl, nur das leise Plätschern eines Springbrunnens. Ich lasse mich durch den Alamedapark mit all seinen Kinderattraktionen schieben, bin plötzlich in winzige Gassen geraten, irgendwo abgekommen hinter dem Zócalo, dem Hauptplatz von Mexico City – dort, wo die Spanier auf den Ruinen der Aztekenstadt Tenochtitlán das neue Mexiko errichteten: links die gewaltige Kathedrale, die sich ein wenig senkt, vorne der Nationalpalast; der Platz an dem sich jeden 15. September die Massen zum *Grito de Dolores* versammeln, und wo nachts um elf Uhr ein kleines Glöckchen läutet und sich Tausende mit lauter Stimme im frenetischen Ruf «*Viva México!*» zu ihrem Land bekennen. Immer weiter dringe ich vor in ein Labyrinth von rechteckig angeordneten Sträßchen, über einen Markt, in dessen Nähe man heute Reste des *templo mayor*, einer Hauptkultstätte aus der aztekischen Hauptstadt freilegt, durch Viertel mit zwielichtigen Kneipen, wo man Pulque verkauft, den weißlich trüben, schleimig säuerlichen Agavensaft, den schon die Azteken getrunken haben. Kleine, vollgepfropfte Lebensmittelläden, Metzgereien, in denen sich blutige Haufen von Innereien türmen; ein Blick in winzige Werkstätten, halb Rumpelkammer, halb Wohnung, Schuster und Schneider vor allem, und überall die unzähligen *refacciones*, Läden, in denen Elektrogeräte jeder Art repariert werden; an Fassaden vorbei, die jahrelang keine neue Farbe mehr gesehen haben, dazwischen andere mit frischen Farben auf Mauern und Türen, Farben, die dem Auge wehtun: Türkis und schreiendes Rot, Hellblau, daneben ein giftiges Grün, dort ein wenig Gelb und immer wieder das unverwechselbare mexikanische Rot, das *rojo mexicano*.

Als Ausländer ist man nicht gern gesehen in diesen Vierteln. Man sucht sich einen neuen Weg, fort von den feindseligen Blicken – aber wohin?

«Um in einer fremdartigen Stadt vertraut zu werden, braucht man einen abgeschlossenen Raum, auf den man ein gewisses Anrecht hat und in dem man allein sein kann, wenn die Verwirrung der neuen und unverständlichen Stimmen zu groß wird. Dieser Raum soll still sein, niemand soll einen sehen, wenn man sich in ihn rettet, niemand, wenn man ihn wieder verläßt. Am schönsten ist es, vor einem Tore stehenzubleiben, zu dem man den Schlüssel in der Tasche hat und aufzusperren, ohne daß es eine Sterbensseele hört.» (Canetti)

Es ist Abend geworden. Ein Wind ist aufgekommen von der Stadt her. Er vertreibt den Gestank ein wenig. Ich befinde mich wieder in dieser Zwielichtzone, zwischen Traum und Wirklichkeit. Vielleicht kann man sich doch zu Hause fühlen in dieser Stadt, in diesem Land. Wenn man den Schlüssel nur hätte, um aufzusperren. Die Straßenlampen schaukeln im Wind, das fahle Licht wirft lange Schatten. Auf der Straße laute Stimmen. Ein wehmütiger, klagender Ton dringt von unten herauf. Es ist kühl. Der Camotes-Verkäufer.

Er kommt jeden Abend um dieselbe Zeit. Das Ablaßventil im Deckel seines Dampfkessels erzeugt diesen eindringlichen Ton. Er verkauft heiße Süßkartoffeln und Bananen. «Es klingt fast wie der Gesang der Sirenen», denke ich.

Die Stadt

Wenn Kranksein bedeutet, daß ein Organismus durch Ausfall von ihn konstituierenden Teilen oder durch Einwirkung äußerer oder innerer schädlicher Faktoren in seiner Ordnung gestört wird und seine Abwehrkräfte nicht mehr ausreichen, um diese Ordnung wiederherzustellen, dann wird man nicht umhin können, Mexico City als krank zu bezeichnen. Wenn weiterhin «Kranksein die Nachtseite des Lebens ist», wie Susan Sontag es ausdrückt, dann bleibt diese Aussage ganz gewiß nicht nur auf den Menschen beschränkt, sondern läßt sich auf jeden wie immer gearteten Organismus ausweiten, also auch auf eine Stadt. Kranksein bedeutet: Emigration ins Abseits – mehr noch, es bedeutet, seinen guten Ruf aufs Spiel zu setzen, als schwach zu gelten, an Glaubwürdigkeit zu verlieren und nicht zuletzt im Ruch zu stehen, andere zu infizieren.

Mexico City, einst als eine der schönsten und saubersten Städte Lateinamerikas gepriesen, befindet sich heute unzweifelhaft im Zustand totaler Überlastung. Eine Stadt, deren Großraum momentan neunzehn Millionen Einwohner zählt, die somit im Wettlauf der größten Städte der Welt den ersten Platz belegt, und deren Bevölkerung bis zum Jahr 2000 nach vorsichtigen Schätzungen auf dreiunddreißig Millionen veranschlagt wird, droht zu erlahmen und zu bersten. Schon heute schwebt über dem Bundesdistrikt wie ein Damoklesschwert eine unüberschaubare Last an Verkehrs-, Versorgungs- und Verwaltungsproblemen, die die Verantwortlichen nur unter Mühen, oft aber gar nicht mehr in den Griff bekommen. Wie das erst aussehen mag, wenn der Zustrom von weiteren Millionen in den Metropolitanbereich Mexikos anhält, entzieht sich nicht nur unserer Vorstellungskraft, selbst der Sprache fehlt das Wort, ein solches Gebilde angemessen zu benennen.

Erschwerend kommt noch hinzu die extrem hohe Konzentration an Industrie im näheren und weiteren Einzugsgebiet der Hauptstadt. Zwar versucht die Regierung durch gezielte Programme, insbesondere durch steuerliche Vergünstigungen, Anreize zu schaffen, die industrielle Agglomeration aufzulockern und die Firmen in die im weiteren Umkreis gelegenen Großstädte zu dezentralisieren, doch ziehen sich die Bemühungen in dieser Richtung schleppend, ja fast halbherzig hin; eine wirkungsvolle Entlastung ist sicherlich so bald nicht zu erwarten. Überträgt man das Bild vom Kranksein und seines Verlaufs, wie wir es auf den Menschen anwenden, auf den städtischen Organismus, so kann man berechtigterweise sagen: Mexico City ist physisch schwer erkrankt.

Durch den unaufhaltsamen Zuzug von neuen Arbeitssuchenden aus den Weiten des Hinterlandes, die in den meisten Fällen ihrer ländlich vertrauten Strukturen entwurzelt, den extremen Bedingungen einer hochmodernen Industriestadt aber in keiner Weise gewachsen sind, zudem in ihrer Hoffnung, in der Stadt Arbeit zu finden, zutiefst enttäuscht werden, entsteht ein immer tieferer Graben zwischen Besitzenden und Besitzlosen. Ein schier unüberbrückbares Gefälle zwischen denen, die in der Gesellschaft leben dürfen und denen, die an ihrer Peripherie dahinvegetieren müssen, den sogenannten *marginados*, für die es nur noch eine Stufe gibt, die schlimmer ist als der Tod, nämlich vergessen zu werden – «Los olvidados» von Luis Buñuel. Man wagt nicht, sich vorzustellen, in welcher Weise sich diese sozialen Unterschiede eines Tages entladen können.

So wenig man selbst bereit ist, über sein Kranksein zu sprechen, so wenig spricht man auch in Mexiko über die Nachtseite des Lebens. Das ist nicht weiter verwunderlich, denn nichts ist schlimmer, als sich selbst den Stempel des Krankseins aufzudrücken, vor den anderen zugeben zu müssen, daß man am Ende seiner Kräfte steht, Gefahr laufen zu müssen, man könnte sein Gesicht verlieren. Zwar weiß jeder in der Stadt über den Zustand ihrer Erkrankung und deren Ausmaß Bescheid, doch verliert das Kranksein offensichtlich seinen Schrecken, sobald es von der Mehrheit akzeptiert wird. Der einzelne steht hilflos da. Er sieht sich den Symptomen gegenüber machtlos ausgeliefert, trägt aber selbst auch nicht allzuviel bei, um den Zustand zu ändern, ein neues Bewußtsein zu schaffen. Eher akzeptiert er die Regeln, die sich aus dieser Situation ergeben. Er billigt den aufgeblähten Verwaltungsapparat, in dem trotz aller Versuche, sie einzudämmen, die Bürokratie und ihr zur Seite die Korruption weiterblühen; er spricht lediglich davon, daß jeder sich selbst der Nächste ist, er verteidigt seine Position oder ringt verzweifelt darum, sich noch ein Stückchen weiter an Land zu retten, gleichgültig wie.

Mexico City hat einen schweren Stand. Einerseits gibt es doch ein weithin sichtbares Zeichen einer Entwicklung, die dem Vergleich mit den Industriestädten der hochentwikkelten Länder standhält, und andererseits ist es eingebettet in eine Umgebung, deren archaische Strukturen kaum mit den sogenannten Errungenschaften des 20. Jahrhunderts in Einklang zu bringen sind. Außerdem bedingt es die geographische Situation der Stadt, daß sie einerseits wie ein Magnet, andererseits wie eine Sperre wirkt. Sie zieht vornehmlich die Menschen aus dem Norden der Mesa Central an, in dem die Lebensbedingungen an sich schon schlecht sind, läßt sie aber auch nicht weiter nach Süden durchdringen, denn die Stadt liegt in einem geologischen Trichter, der von einem massiven Vulkangürtel nach Süden abgeriegelt wird. So wird sie von Jahr zu Jahr weiter vorgetrieben in die Öffnung des Trichters, während sie im Norden planlos ins Weite hinauswuchert.

Man darf nicht unberücksichtigt lassen, daß Mexico City das politische, wirtschaftliche und kulturelle Zentrum des Landes darstellt – und das nicht erst seit heute, sondern bis weit in die Vergangenheit zurück. Die geschichtliche Achse reicht vom Aztekenreich über die Eroberung durch die Spanier, die Gründung des Vizekönigreichs Neuspanien bis hin zum modernen Mexiko unserer Tage. Jede noch so kleine Störung im sozialen Gefüge der Stadt, im verwaltungstechnischen Sektor, im wirtschaftlichen oder politischen Prozeß, trifft nicht die Stadt allein, sondern zieht unweigerlich Folgen für das gesamte Land nach sich, wie auch umgekehrt Störungen im Hinterland zu erheblichen Erschütterungen innerhalb der Stadt führen können.

Stadt und Land stehen sich in unvereinbarem Widerspruch gegenüber und bedingen sich dennoch. Man kann das eine nicht losgelöst vom anderen verstehen. Auch hier liegt ein Krankheitsherd, den man nur ahnen kann, der sicherlich aber mit fortschreitender Zunahme der Bevölkerung in Stadt und Land zu vielleicht noch gar nicht absehbaren Veränderungen in der Gesamtstruktur Mexikos führen wird. Zu Veränderungen, die möglicherweise nicht neu sind, die irgendwo in der Vergangenheit des Landes und seiner Bewohner zu suchen sind, die in gewisser Weise mit der Frage nach der Identität des Mexikaners in engstem Zusammenhang stehen. Man muß wahrscheinlich die Wurzeln dafür im historischen Erbe suchen, das von der Konquista nicht restlos zerstört werden konnte und in unseren Tagen mehr als jemals zuvor wieder an Aktualität gewinnt.

Abschied 2

Ich war eben noch auf der *azotea*, so nennt man die typischen Flachdächer der Häuser in diesem Land. Der Himmel ist bedeckt, ein warmer, fast würziger Wind weht. Die Frau des Hausmeisters steht an einem der kleinen Zementwaschbecken und wäscht Hemden. Ein letzter Blick über die Stadt, das Meer von flachen Hausdächern, auf denen die Wassertanks stehen und meist auch die Gasflaschen. Kleine Drahtkäfige markieren den Nutzungsraum der einzelnen Mietparteien. In manchen wachsen Blumen, in einigen stehen Töpfe mit Kräutern, fast überall hängt Wäsche.

Die Fenster stehen offen. Es ist drückend warm in der Wohnung. Die Frau des Hausmeisters ruft. Ihre Stimme klingt hart, etwas gepreßt, mit einem tragischen Unterton.

Mexico City, Blick nach Norden zu den Hügeln von Anahuac, in die sich die Metropole hineinfrißt. Im Vordergrund der Palacio de Bellas Artes.

Es ist erstaunlich, daß so vielem, was hier in Mexiko geschieht, ein Hauch von Tragik anhaftet. Selbst in so alltäglichen Bemerkungen wie *ándale* oder *oye* schwingt meist etwas Leidvolles mit.

«Es gibt kein Wasser mehr! ... Hör mal, Maria! ... Maria, hörst du? Sag dem Papa, das Wasser ist aus ... Sag ihm, er soll die Pumpe anmachen! Sag ihm das, hörst du? Beeil' dich, *ándale!*»

Jeden Tag derselbe Dialog zwischen Mutter und Tochter. Er hat den Charakter eines Rituals. Nun wird es eine Weile dauern, dann folgt das Summen der Pumpe und schließlich das beruhigende Plätschern des Wassers in die Tanks.

Ich stelle mir den Tag vor, an dem der Ruf nach Wasser nicht mehr nur von einer Person kommt, sondern aus Millionen von Mündern zur gleichen Zeit dringt; wo die Pumpen heißlaufen, das Plätschern jedoch ausbleibt. Wasser ist wertvoller als Gold, nicht nur in der Stadt bei den vielen Menschen auf engstem Raum, auch auf dem Land – und dort besonders, denn der Llano ist trocken, dürr. Das Hochland dürstet. Land, das kein Wasser hat, kann nicht bebaut werden, ist wertlos. Währenddessen ergießt es sich wie aus einem nie versiegenden Brunnen in vielen Häusern der Stadt oft stundenlang und gedankenlos über satte Rasen, in breite Swimmingpools und über staubige Bürgersteige.

Es scheint wie eine Ironie des Schicksals, daß die Stadt, die einst vom Wasser umspült war, heute zunehmend an Wassermangel leidet. Denn im 12. Jahrhundert, so nimmt man an, errichteten mehrere von Norden eingewanderte Völkergruppen im Texcocosee, einer flachen Salzwasserlagune im Hochtal von Mexiko, ihre Siedlungen. Unter ihnen auch die Azteken, die 1325 die Fundamente für ihre spätere Hauptstadt Tenochtitlán legten. Woher die Azteken tatsächlich kamen, ist ungeklärt. Ihr Name besagt soviel wie «die dem Stamme Aztlan Angehörigen» oder «die aus dem Lande Aztlan Stammenden». Die Bilderschrift versinnbildlicht diesen Ort Aztlan durch einen Pfeilschaft und einen Wasserstrom.

Verwirrend wird das Namensspiel dadurch, daß die mündliche Überlieferung den Ort Aztlan mit der mystischen Verklärung der Stadt Mexico gleichsetzt, die wiederum ihren Namen von einem Stammesheros der Azteken ableitet, weshalb sie sich selbst auch «mexica» nannten. Auch ihr oberster Gott, Huitzilopochtli, trug den Beinamen «mexitli». Doch nicht genug dessen: Es findet sich in der Überlieferung auch noch die Bezeichnung «tenochca» für den Stamm der Azteken. Diese Benennung geht auf einen ihrer Stammeshäuptlinge zurück, und er ist es also, der der neugegründeten Stadt im Texcocosee den Namen Tenochtitlán gibt. Mexico City und Tenochtitlán, obgleich völlig verschiedene Städte, eint somit ein etymologisches und historisches Band.

Man muß sich Tenochtitlán als prächtige Stadt vorstellen, auf Pfählen erbaut und von vielen Kanälen durchzogen. Um das kultische Zentrum der Stadt, den heutigen Zócalo mit seinen beiden Tempelpyramiden – eine für den Regengott Tlaloc und eine für den Sonnengott Huitzilopochtli –, gruppierten sich der Palast des Herrschers, die Wohnanlage für die Priesterkaste, die militärischen Führer und die hohen Staatsbeamten; im weiteren Umkreis lagen dann die Wohnungen der Handwerker und Bauern. Die Anlage der Stadt wuchs bald zu einer beachtlichen Größe. Zur Zeit der Eroberung wird die Bevölkerung von Tenochtitlán auf mindestens zweihunderttausend geschätzt. Selbst für die Spanier war die erste Begegnung mit dieser Stadt ein atemberaubendes Erlebnis, wie die Berichte zeigen.

Die Azteken gewannen dem See Schritt für Schritt neuen Boden ab, sie bauten fruchtbare Gärten, die nicht nur den Eigenbedarf an Gemüse deckten, sondern ausreichten, um mit den Ansiedlungen im weiteren Einzugsbereich Handel zu treiben. Das seltsam Faszinierende an den Gärten war, daß sie auf dem Wasser schwammen. Man nannte sie «chinampas» – «schwimmende Gärten». Doch nicht allein auf den chinampas wurden Pflanzen angebaut. Die spanischen Chronisten berichten von Innenhöfen, in denen die Azteken nicht nur Gemüseanbau betrieben, sondern sich auch der Kultivierung von Pflanzen widmeten. Des weiteren schreiben sie von der großen Blumenleidenschaft der

Die Universität von Mexico City wurde bereits 1551 gegründet. Die Gebäude der heutigen Institute wurden von namhaften Künstlern Mexikos gestaltet. Im Bild die Bibliothek mit Mosaiken zur mexikanischen Geschichte von Juan O'Gorman.

Azteken. Die Flachdächer der Stadt müssen voll mit Blumen gewesen sein, und überall, wo man neugewonnenes Land nicht für Gemüseanbau nutzte, sollen Blumenbeete angelegt worden sein. Spuren davon leben auch heute noch in Mexico City fort.

Manchmal wünschte man sich, mit einem Zauberwort in jene Zeit zurückreisen zu können, um einen kleinen Eindruck von dieser Hochkultur zu erhaschen, die schließlich nicht in Blüten, sondern im Blut ertrank.

Die Mexikaner

So vielgestaltig und vielschichtig Mexiko in seinem landschaftlichen Gepräge ist, so gegensätzlich vieles auf den Beobachter wirkt, so vielgestaltig, vielschichtig und gegensätzlich ist «der Mexikaner».

Da gibt es die große Mehrheit der Mestizen oder *Ladinos*, wie sie hier genannt werden, eine verschwindend kleine Zahl an Mulatten und Zambos, dann die Europäer, die hier leben, weil sie entweder bei einer ausländischen Firma arbeiten oder aber im Zuge der Auswanderung hier eine neue Heimat gefunden haben, wie zum Beispiel die große Gruppe der Ostjuden, die vor allem in der Colonia Condesa ansässig wurde; nach Mexiko emigrierten aber auch viele westeuropäische Juden, die dem Terrorregime des Dritten Reichs noch entfliehen konnten. Namen wie Anna Seghers oder Egon Erwin Kisch stehen stellvertretend für die vielen, die hier Zuflucht fanden. Weitere Bevölkerungsgruppen sind die Kreolen und natürlich die Indios.

Indios sind in Mexiko keineswegs eine verschwindende Minderheit. Die Zahl der Indianer beträgt ungefähr ein Viertel der inzwischen über achtzig Millionen zählenden Gesamtbevölkerung. Sie sind die eigentlichen Ureinwohner Mexikos, die Nachfahren all der Stämme, die ehemals das mexikanische Hoch- und Tiefland bevölkert haben. Und

Mexikaner im 19. Jahrhundert (beide Abbildungen 1855).

sie wiederum gliedern sich in eine Vielzahl von einzelnen, oft durch Sprache und Kultur völlig getrennten Ethnien: beispielsweise die Chamulas im Süden des Landes, die sich als legitime Nachfahren der Maya verstehen und dem mexikanischen Staat durch ihre separatistischen Bestrebungen zu schaffen machen, oder die Tarasker im heutigen Staat Michoacán, der Schweiz von Mexiko, eine Völkergruppe, die bereits dem Großreich Moctezumas erfolgreich Widerstand leistete. Weiter die Tarahumaras und die Huicholes, die Mixteken und die Zapoteken, die Totonaken und die nicht einzuordnende Gruppe der Lakandonen in den Regenwäldern von Chiapas. Wer also und was sind die Mexikaner?

«Menschen», sagt Octavio Paz. Doch die Forderung, jemanden als Menschen zu betrachten und zu behandeln, ist oft leichter ausgesprochen als erfüllt. Um ihr gerecht zu werden, bedarf es mehr als nur eines Lippenbekenntnisses. Mexiko stellt in dieser Beziehung keine Ausnahme unter den Ländern der Welt dar. Auch hier wird mit verschiedenen Maßen gemessen. Auch hier bewahrheitet sich Orwells provokante Feststellung, daß alle gleich seien, einige jedoch gleicher als die anderen.

Die ehemals dominierende Rolle der Kreolen, der direkten Nachfahren der spanischen Eroberer, nicht im Mutterland, sondern in Mexiko geboren, und die europäische Minderheit stellen immer noch die einflußreichste Gruppe innerhalb der Gesamtbevölkerung dar. Ihre Rolle im Spiel der wirtschaftlichen und politischen Kräfte des Landes ist von vorrangiger Bedeutung, wie das Beispiel der letzten mexikanischen Präsidenten zeigt.

Die breite Mittelschicht und Teile der Oberschicht stellen vor allem die Ladinos, hervorgegangen aus der Verbindung zwischen Spaniern und Indianern. Den Indios hingegen fällt nur eine untergeordnete Rolle zu. Das Leben der Ladinos und der Gachupines, wie man in Mexiko die Kreolen nennt, konzentriert sich in erster Linie auf die Großstädte, insbesondere auf den Bundesdistrikt Mexico City. Demgegenüber spielt sich das Leben der Indianer noch zum großen Teil auf dem Land ab und, sofern sie in die Metropole gezogen sind, unter menschenunwürdigen Bedingungen am Rand der Stadt.

«Soldaten und Proletarier» genannte Darstellung, die 1855 in London erschien.

Trotz dieser Haltung und der oft extremen wirtschaftlichen Benachteiligung ist und fühlt sich der Indio als der historische Erbe des Landes; der Kreole, wenn auch mexikanisch-national gesinnt, sieht seine Wurzeln immer noch in Europa. Die weitaus schwierigste Situation entsteht für den Ladino, der einerseits im Erbe Europas und andererseits im Erbe der präkolumbischen Geschichte steht. Er ist weder Indio noch Spanier, der Schatten der aztekischen Vergangenheit fällt auf ihn und stört sein Selbstverständnis in nicht unerheblichem Maß. Es ist bezeichnend, daß keine Gruppe in Mexiko soviel oder auch sowenig über ihre Geschichte spricht wie gerade die Ladinos. Was für den Indio natürlich erscheint, führt beim Ladino zu heftigen Identitätskonflikten. Er denkt darüber nach oder er verdrängt; grundsätzlich aber schafft es Verwirrung. Vielleicht erklärt dies auch seine ablehnende Haltung den sogenannten «unterentwickelten» Indios gegenüber und seine penetrante Suche nach europäischen oder nordamerikanischen Werten. Er möchte sich nicht mit der Welt der Indianer identifizieren müssen, ist er doch dank der halben Vorrangstellung am industriellen Aufstieg nicht nur maßgeblich beteiligt, sondern in immer stärkerem Maß mitverantwortlich. Zugleich aber sieht er in dem sich stetig vermehrenden Potential an Indianern eine nicht unbedeutende Bedrohung seiner Identität. Er kann und will den Indianer nicht als gleichberechtigten Partner neben sich sehen. Er wird aber auch nicht, wie dies in den USA geschehen ist, die Erben einer reichen Kultur, auf die er auch selbst bewundernd zurückblicken kann, in Reservate abdrängen. Ungeachtet dessen bleibt also der Indianer trotz der programmatischen Forderungen der mexikanischen Revolution von 1910 bis 1917 Objekt der Minderschätzung, der Benachteiligung und nicht selten Objekt der Ausbeutung. Andererseits ist der Geburtenzuwachs bei den Indios weitaus höher, als es dem Ladino lieb ist. Es steigt die Zahl der Unterversorgten, derer, auf die man bislang noch von oben herabschauen kann.

Lange Zeit pflegte man den Indio zu definieren als einen, der Sandalen trägt, Tortillas ißt und eine Indianersprache spricht. Heute weicht diese Vorstellung immer mehr, wenn auch nicht uneingeschränkt, der Auffassung, daß die Rolle des Indianers nicht mehr eine nur untergeordnete sei; daß er vielmehr das «missing link» darstelle auf der Suche nach der Identität des Mexikaners: das fehlende Glied in der Kette kausaler Verknüpfungen von traditionellen und modernen Werten. Es wird oft und wahrscheinlich zu Recht behauptet, daß die mexikanische Revolution ihren eigentlichen Abschluß erst nach dem Zweiten Weltkrieg fand, daß danach eine ausschließlich wirtschaftliche Orientierung im Land einsetzte und Mexiko in eine Art Dualismus zwang: einerseits ein entwickeltes, andererseits ein unterentwickeltes Mexiko.

«Das Dilemma ist nämlich dieses: Entweder absorbiert und integriert das entwickelte Mexiko das unterentwickelte, oder dieses erdrosselt schließlich – allein durch die Bevölkerungsexplosion – das entwickelte. Bis jetzt wächst das erste und verringert sich das zweite, wenn auch nicht mit der Schnelligkeit und im wünschenswerten durchaus möglichen Verhältnis.» (Paz)

Als 1968 mexikanische Studenten auf diese Bedrohung durch Protestaktionen hinweisen, als sie die Forderung nach Beendigung der Ungleichheit in Worte fassen, geschieht was als *noche triste* – «traurige Nacht» – die mexikanische Politik der letzten Jahre in ihren Grundfesten erschüttert hat. Ein in gewisser Weise politisch erstarrtes System sieht sich derart in die Enge getrieben, daß es auf die Proteste am 12. Oktober 1968 in unverhältnismäßiger Weise reagiert und in Tlatelolco ein durch nichts zu rechtfertigendes Blutbad anrichtet – auf einem Platz also, auf dem bereits vor Jahrhunderten das Aztekenreich ein ebenso blutiges wie grausames Ende gefunden hat. «Das Ende der Studentenbewegung», meint Paz, «dürfte zugleich das Ende einer Epoche der neueren mexikanischen Geschichte bedeuten [...] Jede Kritik Mexikos (muß) mit einer Prüfung dessen beginnen, was man die aztekische Weltanschauung nennen kann.»

Abschied 3

Die Abreise rückt unausweichlich näher. Nur noch einige Stunden. Am liebsten würde ich alles wieder auspacken, dableiben, es noch einmal versuchen. Die Wohnung erdrückt, sie treibt mich hinaus. Einfach durch die Straßen gehen, vielleicht hilft das. Es stimmt nichts mehr zusammen, immer mehr schleicht sich das Gefühl ein, ich verlasse einen Ort, ohne mir eigentlich der Gründe dafür bewußt zu sein.

Auf den Steinstufen im Treppenhaus verkrustet Blut. Gestern nacht hat es hier eine Schlägerei gegeben. Die beiden Söhne der Witwe über mir haben sich wieder einmal geprügelt. Vor der Haustür steht der *maestro*, unser Hausmeister. Keiner betritt das Haus, keiner kann es verlassen, ohne an ihm vorbeizukommen. Er sieht alles mit seinen dunklen, stechenden Augen, in denen manchmal der Schalk sprüht, die oft auch wissend zwinkern. Er lacht verschmitzt. Ich bin darauf gefaßt, wieder die täglich selben Fragen zu hören, die keine Antwort verlangen, oder einen neuen derben Witz oder nur irgendwelche Gerüchte aus der Nachbarschaft. Er trägt über der Kleidung eine ausgewaschene Drillichschürze, hinter den Latz hat er wie Napoleon eine Hand geschoben, mit der anderen dirigiert er seine Arbeiter. Er ist Schreiner von Beruf. Seine Möbel sind schön, aber auch sehr teuer – Handarbeit alles, was er macht. Er ist stolz auf seine Arbeit, stolz auf seine Söhne, die nicht so sind wie die Söhne der Witwe, ganz besonders stolz auf den Jüngsten, der Zahnmediziner wird.

Wie viele sind es eigentlich, drei, vier oder noch mehr? Ich weiß es nicht. Ich weiß nicht einmal, wie er mit Familiennamen heißt. Wir nennen ihn alle nur maestro oder *jefe*. Überhaupt weiß ich sehr wenig darüber, was in diesem Haus vor sich geht, wer zu wem gehört, wer mit wem verschwägert oder sonst irgendwie verwandt ist, ob er nur die eine Tochter hat oder ob die junge Frau im obersten Stock auch zu seiner Familie gehört. Auf jeden Fall ist seine Familie sehr groß, und oft habe ich mich gefragt, wie so viele Menschen in ein oder zwei dunklen Zimmern leben können. Sie wohnen dort, schlafen, kochen und essen

Mexikaner in der Photographie des frühen 20. Jahrhunderts. Links: Kleiner Lastenträger (Hugo Brehme, vor 1924). Rechts: Mexikanisches Kind (Tina Modotti, 1928).

Links: «Elisa» (Tina Modotti, 1924). Rechts: «Ein Herr aus Papantla» (Manuel Alvarez Bravo, um 1920).

in diesen beiden Räumen und bringen sich nicht um in der erdrückenden Enge. Doch einen Großteil des Tages verbringt die Familie und besonders der maestro auf der Straße. Seine Werkstatt im Erdgeschoß und der Bürgersteig sind sein Arbeitsbereich. Zwischen halbfertigen Möbeln liegen Essensreste, zerstoßener Mais, zerbröselte Tacos und Tortillas. Kleine drahtige Hähne scharren nervös darin herum, einer macht dem anderen den Futterplatz streitig. Sie plustern sich plötzlich auf und stürzen aufeinander los. Menschenscheu sind sie, argwöhnisch. Sie flattern auf, kommt man ihnen zu nahe, legen dann die Köpfe schief und zucken wie Spastiker mit den Hälsen, die Flügel zum Angriff leicht gespreizt. Das sind seine eigentlichen Kinder: seine Kampfhähne. Er hätschelt sie, er spielt mit ihnen, packt sie, hetzt sie, treibt sie in die Enge, greift sich einen heraus, wie man einen Falken packt, und läßt ihn mit aufreizenden Schnalzlauten im Sturzflug auf die anderen herunterfallen. Sie stieben auseinander, krähen heiser und wild, dann kämpfen sie, stürzen sich übereinander, einer hat schon einen Kranz von Federn um den Hals herum verloren – und dieses unentwegte Krähen. Er nennt es verträumt Gesang.

«Guten Tag, Señor!»

«Hola, Junge! Wie geht's?»

«Na ja, es geht.»

«Sag, was hör ich? Du verläßt uns? Was ist los mit dir? Sag schon, gefällt es dir nicht in Mexiko?»

Er legt den Arm um meine Schultern, schaut mich mit großen, fragenden Augen an, den Kopf hält er etwas schief, den Mund leicht geöffnet, die zwei Goldzähne blinken. Dieser Blick verunsichert. Will er wirklich wissen, warum ich gehe? Ist es nur eine der höflichen, interessierten Fragen, auf die er keine Antwort erwartet? Es ist immer noch sehr schwer zu erraten, was der Mexikaner denn nun wirklich will. Zu oft habe ich mich getäuscht. Sie tragen Masken, nicht eine, viele. Octavio Paz hat recht. Sie sind Künstler der Masken. Oft erschreckend offen, um im nächsten Augenblick sofort wieder zurückzuweichen, unnahbar zu werden. Zuweilen genügt eine zu deutliche Antwort, um sie in die Enge zu treiben, eine Frage ist Grund genug, daß sie aggressiv reagieren.

Er drückt mich an der Schulter. Es scheint ihm ernst zu sein.

«Na, sag schon. Warum gehst du, wir sind doch Freunde, oder?»

«Ich ... Ich fahre nach Haus.»

Aber ich fühle, daß er mich durchschaut hat. Ich räume ein:

«Na ja, eigentlich nicht nach Haus. Zuerst fahre ich nach New York, zu den Gringos.»

Er lacht. Er nimmt die Hand von der Schulter, zündet sich eine Zigarette an, dann schaut er mich von unten an und wird plötzlich ungewöhnlich ernst.

«Ja, warum denn? Ist es besser bei denen?»

Ich spüre seine Ablehnung gegenüber den Vereinigten Staaten, obgleich er mir im Vertrauen schon mal gestanden hat, daß die Werkzeuge von dort viel länger halten als die mexikanischen – aber das sei auch alles.

Manchmal, bei einem Bier am späten Abend, wenn er nur noch so, ohne zu arbeiten vor der Werkstatt steht, erzählt er, historisch nicht ganz richtig, von der Schlacht am Río Jacinto im Jahr 1845, nachdem sich Texas von Mexiko gelöst, und von einem fernen Verwandten, dessen Name ihm nicht mehr einfällt, der an dieser Schlacht teilgenommen hat. Er berichtet von der Besetzung der Hauptstadt durch die Amerikaner drei Jahre danach; vom Frieden von Guadalupe Hidalgo, der die Mexikaner die Hälfte ihres Staatsgebiets kostete, das in amerikanischen Besitz überging; von dem Präsidenten erzählt er, den er mit Verachtung erwähnt, von Santa Anna, der auch den Rest von Arizona an die dort oben verkauft hat. So schlecht sei es den Mexikanern nie gegangen, meint er, daß sie ihr Land an die Gringos hätten verkaufen müssen. Und schließlich, womit dankten diese es heute, indem sie von ihnen *chicanos* genannt werden.

In der Tat ist das Verhältnis zwischen Mexiko und den Vereinigten Staaten nicht ungetrübt. Mexiko hat sich, sieht man vom revolutionären Nicaragua und der Revolution in Cuba ab, als einziges Land auf dem lateinamerikanischen Kontinent etwas aus der

Mexico City, Plaza de las Tres Culturas. Im Vordergrund das Fundament eines aztekischen Tempels, das Franziskanerkolleg Santiago Tlatelolco in der Bildmitte.

Hegemonie der USA lösen können – wenngleich es immer wieder Präsidenten gab und gibt, die sich erneut dem «großen Bruder im Norden» annähern. Tatsache ist aber auch, daß der Einfluß der USA vor allem im Alltag nicht zu übersehen ist. Zudem ziehen alljährlich aus dem wenig ertragreichen Hinterland der Mesa Central die Saisonarbeiter in die Staaten, um sich als Landarbeiter zu verdingen. Man nennt sie *braceros.* Dann gibt es noch die nicht unbedeutende Gruppe derer, die in die Staaten ausgewandert sind. Sie werden, obwohl US-Staatsbürger, als chicanos bezeichnet, eine Verballhornung des Begriffs *mexicanos.* Octavio Paz stellt eine interessante Beziehung zwischen dem Wort Schikane und chicano her, die zwar etymologisch nicht haltbar ist, dennoch die soziale Stellung der mexikanischen Emigranten treffend charakterisiert.

Dann sagt der maestro, als müsse er mir Mut machen:

«Also hör mal! Mach dir keine Sorgen. Wenn es dir schlecht geht und es dir nicht mehr gefällt, dann kommst du zurück. Versprich mir, daß du zurückkommst. Hier hast du dein Zuhause. Hörst du!»

Solche Bemerkungen können einen festen Entschluß beinahe ins Wanken bringen. Ich sage irgend etwas darauf und gehe. Die Stimmung schlägt um ins Sentimentale.

Es ist warm in der Stadt, der Himmel immer noch bedeckt, aber, was man selten erlebt in Mexico City, die Luft riecht frisch und unverbraucht. Der Wind treibt die Blätter auf der Straße, treibt sie die Wege entlang, die ich drei Jahre lang täglich gegangen bin.

Die Anfänge

Der Gedanke, daß die Eroberung Mexikos im Jahr 1521 nur deshalb so erfolgreich für die Spanier ausgehen konnte, weil die Azteken ihren Untergang bereits erwartet hatten und mit dem Eindringen von Cortés und seiner Handvoll Leute mehr oder weniger

Chichén Itzá, «Stadt am Rande des Teiches», die Stadt der Maya, in welche der Stamm der Itzá nach jahrhundertelanger Abwesenheit zurückkehrte.

Linke Seite: Steinreliefs auf den Säulen der Vorhalle des Kriegertempels von Chichen Itzá. Rechte Seite: Auf der Treppe des Kriegertempels steht über dem Kopf einer gefiederten Schlange der Standartenträger.

Links: Kolossalkopf der Olmeken, deren archaische Kultur (800–100 v. Chr.) Fundament aller späteren mexikanischen Zivilisationen war.
Rechts: Stuck-Kopf, entdeckt in der Maya-Stadt Palenque, aus der spätklassischen Zeit (600–900 n. Chr.).

den letzten Schritt in der Erfüllung eines von ihren Göttern vorgezeichneten Plans sahen, hat für uns Europäer etwas Unwirkliches an sich – etwas, das unserem Denken entschieden zuwiderläuft.

«Wenn für die Spanier die Konquista eine Heldentat war, so war sie für die Indios ein Ritus, die menschliche Verkörperung einer kosmischen Katastrophe.» (Paz) Ich bin sicher, daß es Octavio Paz nicht darum geht, geschichtliche Ereignisse mit dem Mantel des Geheimnisvollen zu verbrämen; vielmehr verweist seine Feststellung auf das bereits erwähnte «Erbe» der vorkolumbischen Zeit, das möglicherweise nur deshalb so selten in unsere Überlegungen einbezogen wird, weil wir es mit unserer Art zu denken nicht – oder bestenfalls nur teilweise – nachvollziehen können. Es handelt sich darum, Geschichte nicht als linearen Prozeß zu verstehen, sondern als Abfolge zyklischer Perioden, und weiter, daß mexikanische Geschichte «als Doppeltes verstanden werden muß: als geschichtliches Faktum und zugleich als symbolischer Ritus» (Steger).

Das geschichtliche Faktum läßt sich folgendermaßen zusammenfassen: Etwa zwischen dem 25. und dem 8. Jahrtausend v. Chr. dringen aller Wahrscheinlichkeit nach im Zuge einer größeren Völkerwanderung mongolische Stämme aus Nordostasien über die damalige Landbrücke nach Alaska ein und breiten sich bis etwa 18 000 v. Chr. bis nach Südamerika aus. Ein weiteres Nachstoßen wird verhindert durch eine Eiszeit, wobei eine Eisbarriere in Kanada den Weg nach Süden blockiert. Diese «Nordsperre» taut gegen 8000 v. Chr. ab und öffnet somit wieder ungehindert den Zugang nach Süden.

Die landschaftlichen Gegebenheiten, insbesondere im Bereich des heutigen mexikanischen Staatsgebiets, führen dazu, daß sich verschiedene hochstehende Kulturen herausbilden sollten. Eine Trennungslinie zwischen diesen wird durch den Isthmus von Tehuantepec gebildet: Südlich davon liegt das kulturelle Einzugsgebiet der Maya, nördlich im Hochland von Mexiko, also jenseits des Vulkangürtels, siedeln die Nordstämme. Ihre Geschichte wird heute von den Historikern in drei Phasen eingeteilt: die ältere vorklassische, die jüngere vorklassische und die klassische Zeit. Zur ersten Epoche zählt man die Zacatenco-Copilco-Phase ab etwa 1456 v. Chr., zur zweiten die Ticoman-Cuicuilco-Phase bis etwa 250 v. Chr. Parallel zu beiden entwickelt sich im Bereich des heutigen Staates Veracruz die Hochkultur der Olmeken, deren Ursprünge jedoch immer noch im Dunkeln liegen. Die klassische Periode setzt ein mit der sogenannten Teotihuacánkultur, die sich durch eine hochentwickelte Stadtkultur auszeichnet und deren archäologische Reste heute eine der größten touristischen Attraktionen im Norden von Mexico City darstellen. Diese Kultur dauert bis etwa 800 n. Chr. und löst sich – offenbar unter dem Druck der von Norden her einwandernden Tolteken – um etwa 856 n. Chr. auf. Die Tolteken errichten an der Stelle des heutigen Tula ihr politisches und kulturelles Zentrum Tollán und stoßen im Lauf der folgenden zwei Jahrhunderte bis über den Isthmus ins Gebiet der Maya vor, wobei sie diese nicht etwa zersetzen, sondern eher eine Verschmelzung beider Kulturen bewirken. Aus diesem Assimilationsprozeß schöpft die Mayakultur neue Impulse und entwickelt sich zu einer neuen Hochblüte.

Um etwa 1300 n. Chr. dringen kriegerische Stämme von Norden her ins Hochland von Mexiko vor. Die Azteken nennen sie Chichimeken, was in ihrer Sprache, dem Nahuatl, soviel wie «Barbaren» bedeutet. Zeichen einer hohen Kultur der Chichimeken hat man bis heute nicht nachweisen können. Die Azteken selbst, Angehörige der kriegerischen Nahua-Stämme, sind schon in relativ früher Zeit im nördlichen Mexiko seßhaft geworden. Als sie sich im 12. Jahrhundert n. Chr. im Texcocosee niederlassen, sind sie noch ein kleiner Stamm von geringer politischer Bedeutung, der wie alle anderen Stämme in oder um diesen See der Stadt Azcapotzalco tributpflichtig ist. 1325 gründen die Azteken ihre Hauptstadt Tenochtitlán. Schritt für Schritt lösen sie sich aus der Tributpflichtigkeit gegenüber Azcapotzalco und dem Stamm der Tepaneken, die sie dann um Mitte des 15. Jahrhunderts unterwerfen können. Es beginnt die Zeit der politischen und wirtschaftlichen Festigung und Expansion. Die Azteken vergrößern ihr Reich weniger durch Annektierung anderer Gebiete; vielmehr sickern sie gleichsam durch die Gebiete der übrigen Stämme hindurch und umschließen diese. So erklärt es sich, daß man in ihrem Herrschaftsbereich Inseln anderer, nicht unterworfener Stämme finden kann, wie zum Beispiel den Stamm der Tarasker im Gebiet des heutigen Staates Michoacán. In der Folgezeit bauen die Azteken die von ihrem Herrscher Itzcoatl 1428 abgeschlossene Stammesföderation mit den Städten Texcoco und Tlacopán zu einem Dreierbund aus, der sich in den nächsten Jahrzehnten große Teile des heutigen Mexiko unterwirft und unter seine Botmäßigkeit zwingt. Zwar erstreckt sich der Herrschaftsbereich der Dreibundstädte fast über die gesamte Hochfläche Mexikos, doch darf man die räumliche Ausdehnung des Aztekenreichs keinesfalls mit der des heutigen mexikanischen Staatsgebiets gleichsetzen. Das Aztekenreich hat allerdings sein Zentrum bereits in dem Teil des Landes, der auch heute noch in jeder Hinsicht den Mittelpunkt des modernen Mexiko darstellt. Daß die Azteken sich aufgrund ihrer expansionistischen Bestrebungen Feinde machten, sollte – wie im Fall der Tlaxcalteken – dazu führen, daß die kleine Handvoll Spanier sehr bald nach ihrer Ankunft im Aztekenreich mit Verbündeten rechnen durfte, die sich nur deshalb den Spaniern anschlossen, um sich aus dem Zugriff des Dreibundes zu befreien.

Doch nicht allein die den Azteken unbekannten Waffen, nicht die Strategie eines Cortés noch die numerische Stärke seiner neuen Verbündeten brachten den Spaniern den Sieg über Kaiser Moctezuma II. Die Wurzeln für die Niederlage des mächtigen Aztekenreichs muß man in erster Linie in der gänzlich anderen Weltsicht dieses Volkes suchen. «Moctezuma unterlag Cortés nicht, weil er militärisch schwächer gewesen wäre, sondern weil er an das kommende Chaos glaubte, das er nicht mit Mitteln »dieser« Wirklichkeit (militärischer Einsatz), sondern »jener« Wirklichkeit (magische Menschenopfer) zu bannen hoffte.» (Steger)

Moctezumas Weltsicht war geprägt von Mythen und Kulten der Urzeit. Das Erbe, vor allem das der Tolteken, übte einen gewaltigen Einfluß auf das Denken der Azteken aus.

Europa und Mexiko. Die Allianz der mexikanischen Konservativen mit Frankreich führte 1864 zur Gründung der mexikanischen Monarchie, die gegen die fortschrittliche Politik des Präsidenten Benito Juárez Garcia gerichtet war. Erzherzog Maximilian von Habsburg wurde 1864 zum Kaiser gekrönt. Links: Prinzessin Marie Charlotte, Tochter Leopolds I., Gemahlin Maximilians.

Demnach fühlten sie sich nicht als Besitzer des Landes, das sie erobert hatten, sondern lediglich als augenblickliche Bewohner oder Verwalter. Ihrer Vorstellung nach hatten Gottheiten ihnen den Weg hierher gewiesen. Ein Gott insbesondere spielt dabei eine bedeutende mythische Rolle: der sagenumwobene Quetzalcóatl. Einst sei er Herrscher über das Land gewesen, habe Gesetze erlassen und über das Volk der Tolteken geherrscht, ehe er sich nach der Gegend, wo die Sonne aufgeht, also nach Osten (sprich: Europa), zurückgezogen habe. Von dieser Gottheit wird gesagt, sie selbst oder ihre Nachfahren kämen eines Tages wieder, um die Macht im Reich zu übernehmen.

Die Mythen der Azteken sprechen von zyklischen Perioden der Geschichte, Perioden, die nicht ineinander übergehen, sondern durch das Chaos voneinander getrennt sind. Erstaunlicherweise findet man eine vergleichbare Geschichtsauffassung auch im alten China. Dort wird von der klaren zeitlichen Trennung zwischen den verschiedenen Ägiden gesprochen und davon, daß ein sichtbarer Graben zwischen der alten und der neuen Ära erkennbar sein müsse. Das Chaos sei unvermeidlich, ja notwendig, denn es bewirke, daß keine Überreste der alten Struktur, die ja erst dann zum Untergang bestimmt ist, wenn sie zu erstarren droht, herüberwirken und das neue System im Anfang seiner Ordnung verseuchen könne.

Auch die Aztekenherrscher erkannten zu Beginn des 16. Jahrhunderts eine zunehmende Erstarrung ihres politischen Systems. Ihrer Vorstellung nach hatte sich bereits der Zyklus der «Herrschaft der Menschen» erfüllt, nun sollte die «Herrschaft der Giganten» sich dem Ende zuneigen und der «Herrschaft der Götter» Raum schaffen. Das Eindringen der Spanier aus dem Osten der Welt muß in Moctezuma die Erinnerung an die Rückkehr Quetzalcóatls wachgerufen haben. Moctezuma war nicht nur Staatsmann und militärischer Führer mit nüchternem Kalküldenken, sondern zugleich einem Schicksal verbunden, das wie eine Mitexistenz sein und seines Volkes Leben bestimmte. Davon vermochte er sich so wenig zu lösen wie noch der heutige Indianer von seinem *nagual*,

Der Kaiser konnte sich nur mit der Unterstützung französischer Truppen behaupten. Nach deren Abzug wurde Maximilian 1867 gefangengenommen und durch ein Kriegsgericht zum Tod verurteilt. Édouard Manet hat das Ereignis der Erschießung in einem Gemälde festgehalten.

dem Tier oder dem Einzelphänomen, das ihn begleitend an seiner Seite lebt, sich jedoch in einem völlig anderen Realitätsbereich bewegt.

Die Geschichte Mexikos ist also nicht nur als Faktum zu verstehen. Sie wird begleitet von einer, wie Steger es nennt, «unsichtbaren Geschichte», einer «Intra-Historie». Octavio Paz geht sogar so weit, eins der hervorstechenden Merkmale des Mexikaners – seine Einsamkeit – auf diese «Intra-Historie» zurückzuführen. Denn die Erfüllung der Geschichte nach einem unsichtbaren Plan mußte den Azteken in Realität so erscheinen, als hätten die Götter sich von den Menschen abgewandt, sie in eine tiefe Verlassenheit gestoßen. Man kann also mexikanische Geschichte nicht einfach nur in drei große Zeitabschnitte einteilen: präkolumbisch, kolonial, modern. Um ihr wirklich gerecht zu werden, wird man umdenken und die zweite Ebene der mitbegleitenden «unsichtbaren Geschichte» miteinbeziehen müssen. Am Ende der neuen Entwicklung Mexikos müßte demnach wieder das einen Zyklus abschließende Grundmerkmal stehen: das Chaos.

Endgültig

Es ist inzwischen Abend geworden in der Stadt. Die Abreise verscheucht plötzlich jeden Zweifel, der Abschied hat vieles in anderem Licht erscheinen lassen – wie die Konturen in der Dämmerung, etwas verschleiert und verschwommen. Der leichten Trauer folgt die Einsicht, daß es richtig war zu gehen. Wäre man wohl je ein Teil dieses Landes geworden, hätte man nicht für immer am Rande gestanden und hinübergeblickt in das eigentliche Leben? Traum und Wirklichkeit lassen sich nur bedingt zur Deckung bringen. Ich weiß, ich habe den Schlüssel nicht gefunden, um mir den Zugang zu Mexiko völlig zu erschließen. Was bleibt, ist eine große Sehnsucht nach einem Land, das mich überaus fasziniert, aber auch verunsichert hat.

Zur Geschichte und Kultur Mexikos

Geschichte und Politik

Moctezuma empfängt Cortés

Am nächsten Morgen begleiteten uns alle vornehmen Kaziken, von denen ich bis jetzt gesprochen habe. Die Straße, auf der wir marschierten, war nach meiner Erinnerung acht Schritt breit und führte kerzengerade bis in die Mitte von Mexiko. Aber diese große Straße reichte nicht aus, um die Menschenmenge aufzunehmen, die aus der Stadt kam und die in die Stadt zog, um uns zu sehen und zu begleiten. Auf allen Türmen und Tempeln standen Zuschauer, der ganze See war dicht bedeckt mit überfüllten Fahrzeugen. Aber was Wunder? Diese Leute hatten ja noch nie Menschen unserer Art und Pferde gesehen.

Wir marschierten wie im Traum durch diese Herrlichkeiten. Neue Städte tauchten auf. Sie lagen an den Ufern und mitten im See. Wir zogen weiter über große Brücken, bis sich schließlich vor uns die Hauptstadt Mexiko ausbreitete in all ihrer Pracht. Unser kleiner Haufen von vierhundertfünfzig Mann zog mitten durch dichte Menschenmassen, den Kopf noch voll von den Warnungen unserer vielen indianischen Freunde. Der geneigte Leser muß sich einmal ganz in unsere Lage versetzen! Dann darf ich ihn nämlich fragen: hat es je Männer gegeben, die ein derart kühnes Wagnis auf sich genommen haben?

Als wir die Straße nach Coyohuacan kreuzten, kamen uns zahlreiche Kaziken und andere Vornehme in prächtigen Galakleidern entgegen. Es waren so viele, daß sie die ganze Straße füllten. Moteczuma hatte sie gesandt, uns zu empfangen. Sie begrüßten uns in seinem Namen, berührten zum Zeichen des Friedens den Boden mit der Hand und küßten die Erde. Wir hielten kurz an, während die Fürsten von Tetzcuco, Iztapalapa, Tlacopan und Coyohuacan dem großen Moteczuma entgegeneilten. Er saß auf einem überaus kostbaren Tragsessel, umgeben von anderen Großen seines Reiches, und kam langsam auf uns zu. Als wir die ersten Türme der eigentlichen Stadt Mexiko erreichten, stieg er von seinem Sessel, die vornehmsten Kaziken faßten ihn unter dem Arm und führten ihn unter einen prächtigen Thronhimmel, der mit grünen Federn, feinem goldenen und silbernen Schnitzwerk, mit Perlen und Edelsteinen reich geschmückt war. Man brauchte lange dazu, um alles genau zu sehen.

Moteczuma selbst war sehr kostbar gekleidet. Er trug eine Art Halbstiefel, die mit Juwelen besetzt waren und goldene Sohlen hatten. Auch die vier Großen, die ihn führten, waren jetzt ausnehmend prächtig gekleidet. Sie mußten sich unterwegs umgezogen haben; denn die Kleider, in denen sie uns empfingen, waren einfacher, aber schon glänzend genug. Zahlreiche andere Große umgaben den Herrscher, breiteten vor ihm kostbare Tücher auf den Boden, damit sein Fuß nicht die nackte Erde berühren müsse, und trugen seinen Thronhimmel. Niemand wagte es, ihm ins Gesicht zu sehen. Alle senkten ihre Augen ehrfurchtsvoll. Nur die vier fürstlichen Vettern und Neffen, die ihn führten, wagten es, ihn anzublicken.

Als man Cortes meldete, daß Moteczuma selbst in der Nähe sei, stieg er vom Pferd und ging ihm zu Fuß entgegen. Nun gab es von beiden Seiten große Begrüßungszeremonien. Moteczuma hieß Cortes willkommen, und der Generalkapitän antwortete durch Marina, er wünsche, daß Moteczuma sich wohl befinde. Wenn ich mich recht erinnere, bot Cortes Moteczuma seine rechte Hand. Der Fürst wies sie aber zurück und breitete zum Gruß

Die Ankunft des Eroberers. Hernán Cortés landete 1519 am Rio Tabasco. Die mexikanische Darstellung zeigt ihn und seine Begleiter bei der Ankunft am Hof des Aztekenherrschers Moctezuma.

seine Arme aus. Ich weiß aber gewiß, daß Cortes dann Moteczuma eine prächtige Kette um den Hals legte. Sie bestand aus besonders schönen vielfarbigen Steinen, die auf goldene Schnüre gezogen und mit Moschus parfümiert waren. Als Cortes den Herrscher umarmen wollte, hielten ihn die Fürsten davon ab; denn sie sahen in dieser Bewegung einen Mangel an Ehrerbietung. Er mußte sich also damit begnügen, Moteczuma zu sagen, wie sehr es ihn ehre und erfreue, daß er ihm persönlich entgegengekommen sei. Moteczuma antwortete mit wohlgesetzten Worten: «*O unser Herr! Mit Mühsal, mit Ermüdung hast du es erlangt, daß du hier im Lande angekommen bist, daß du an deine Stadt Mexiko herangekommen bist, daß du auf deiner Matte, deinem Stuhl zu sitzen gekommen bist, den ich nur eine kleine Weile für dich gehütet habe ... Möchte doch einer von denen, die vor mir die Stadt Mexiko beherrscht haben, wiederkommen und staunend sehen, was jetzt über mich gekommen ist, was ich nunmehr sehe, ich, den sie zurückgelassen haben. Denn ich träume nicht, ich fahre nicht aus dem Schlaf auf, ich sehe es nicht im Traum, ich träume nicht, daß ich dich gesehen, dir ins Angesicht geschaut habe. Ich war bekümmert, eine ganze Reihe von Tagen, wie ich hinschaute nach dem unbekannten Land, aus dem du gekommen bist, aus den Wolken heraus. Denn das haben uns die Häuptlinge überliefert, daß du kommen wirst, deine Stadt aufzusuchen, daß du dich auf deine Matte, deinen Stuhl setzen wirst, daß du wiederkommen wirst. Und jetzt ist es wahr geworden. Du bist zurückgekehrt. Mit Mühsal, mit Ermüdung hast du es erreicht. Sei nun wohl angekommen! Ruhe dich aus! Besuche deinen Palast!» Diese Ansprache zitiert der indianische Chronist Sahagun. Er berichtet auch, daß Moteczuma, der «Herr der Menschen», sich vor Cortes zur Erde beugte, um sie mit seiner Hand zu berühren und sie an seinen Mund zu führen, wie jeder gewöhnliche Sterbliche, wie jeder Untertan vor seinem Herrn. In diesem Augenblick hatte er sich und sein Volk dem Kaiser des Heiligen Römischen Reiches unterworfen, sein Schicksal entschieden.* Er gab dann seinen beiden fürstlichen Neffen den Befehl, uns in die Quartiere zu führen. Er selbst kehrte mit den beiden anderen Fürsten und dem ganzen großen Gefolge wieder in die Stadt zurück. Als der Zug an uns vorbeikam, konnten wir mit eigenen Augen sehen, wie alle in der Umgebung des Herrschers die Augen niederschlugen und keiner wagte, den Blick zu ihm zu erheben. Ihre tiefe Ehrfurcht fand auf diese Weise sichtbaren Ausdruck.

BERNAL DIAZ DE CASTILLO, «Wahrhafte Geschichte der Entdeckung und Eroberung von Neuspanien», um 1520

Die Gegner. Links: Hernán Cortés, (1485–1547), der Feldherr der Spanier, der zum Statthalter von «Neu-Spanien» ernannt wurde (Darstellung des 16. Jahrhunderts). Rechts: Montezuma (spanische Schreibweise) II. (1467–1520), neunter Herrscher der aztekischen Herrscherliste. Er starb in spanischer Gefangenschaft (Darstellung von 1715).

Die Ausrottung der Azteken. Nach 1522 waren die Azteken praktisch vogelfrei. Viele wurden unter dem Vorwand der Christianisierung von spanischen Soldaten ermordet.

Cortés berichtet dem Kaiser

In dieser Nacht blieben also die Mexikaner Sieger und Herren jener vier Brücken. Die vier andern aber hielt ich unter starker Bewachung besetzt und begab mich wieder nach unserm Palast, wo ich eine hölzerne Brücke erbauen ließ, die von vierzig Mann getragen werden sollte. Angesichts der großen Gefahr, in der wir uns befanden, und der Verluste, die uns jeden Tag die Indianer zufügten, und in der Furcht, sie könnten auch noch den letzten Weg zerstören, was für uns den Tod bedeutete, beschloß ich, unter dem Druck meiner Gefährten, die sämtlich verletzt waren, und zwar zum größten Teil so schwer, daß sie nicht mehr kämpfen konnten, noch in derselben Nacht die Stadt zu verlassen.

Ich nahm alles Gold und all die Schmuckstücke Eurer Majestät, soviel wir davon tragen konnten, und brachte sie nach einem der Säle unseres Palastes. Dort übergab ich sie in Bündeln den Beamten Eurer Majestät, die ich zu diesem Zweck in Eurem königlichen Namen auserwählt hatte; auch die Alkalden, Staats- und Stadträte, und alle andern Anwesenden bat ich, mir bei ihrer Fortschaffung und Bergung behilflich zu sein. Auch gestattete ich, auf eine meiner Stuten soviel zu laden, wie sie nur tragen konnte, und ließ sie von einigen meiner Spanier und meiner Diener bewachen; den Rest verteilte ich unter die Offiziere, Alkalden, Stadträte und Soldaten. Nachdem ich so den Palast aller seiner Schätze beraubt hatte, verließ ich ihn in größter Heimlichkeit und nahm mit mir einen Sohn und zwei Töchter Moctezumas und Cacamatzins, den Herrn von Culhuacan, seinen Bruder, den ich in seine Stelle eingesetzt hatte, und andere von mir als Geiseln zurückbehaltene Fürsten und Häuptlinge der Städte und Provinzen.

[...] Die Brigantinen begleiteten uns zu beiden Seiten des Dammes, und da sie nicht bis dicht an die Feinde herdringen konnten, überschütteten sie sie mit Kugeln, Pfeilen und anderen Wurfgeschossen. Nachdem sie ihre Reihen erschüttert hatten, sprangen die Leute der Besatzung an Land und nahmen die Brücken und die Schanzen, während wir uns auf der andern Seite an die Verfolgung der Mexikaner machten, die unter dem Schutze anderer Brücken und Schanzen uns Widerstand leisteten; trotzdem nahmen wir sie, wenn

auch mit mehr Mühe als je zuvor, und verjagten die Feinde aus den Straßen und dem Platze. Dort gebot ich den Spaniern Halt, um erst die Gräben zuschütten zu lassen, eine gewaltige Arbeit, zu der ich mehr als zehntausend Indianer beschäftigte. Erst mit Einbruch der Nacht war sie beendet, und während dieser ganzen Zeit kämpften meine Spanier und unsere Verbündeten mit den Bewohnern der Stadt, lockten sie hie und da in einen bösen Hinterhalt und töteten Tausende von ihnen. Wir durchritten wie im Nu an der Spitze meiner Reiter die Stadt und stachen mit unsern Lanzen alle Mexikaner nieder, die in ihren Bereich kamen, so daß sie sich nicht mehr auf das feste Land wagten.

Aber noch immer lehnten diese Unglücklichen jede Verhandlung ab und waren darauf versessen, uns entweder zu vertreiben oder zu sterben, daß ich daraus schloß, wir würden von den Schätzen, die wir verloren hatten, nur wenig vorfinden und sie würden uns in der Tat dazu zwingen, sie ohne Gnade und Barmherzigkeit auszurotten. Dieser Gedanke betrübte mich schrecklich, und ich fragte mich, wie ich ihnen eine solche Furcht einflößen könnte, daß sie wieder zur Besinnung kämen und das ganze Unglück erfaßten, das ich ihnen durch die Verbrennung ihrer Tempel und Paläste hätte zufügen können. Und zur Warnung ließ ich an diesem Tage an die großen Paläste am Platze, an dieselben, in denen wir vor der Vertreibung aus der Stadt gewohnt hatten, Paläste, die stattlich genug waren, um je einen Fürsten mit einem Gefolge von mehr als sechshundert Personen aufzunehmen, Feuer legen. Die andern, die in der Nähe lagen, waren nicht ganz so groß, aber noch prächtiger und schöner; hier hatte Moctezuma seine Sammlung seltener Vögel untergebracht.

Zu meinem aufrichtigen Bedauern mußte ich sie also zerstören, aber noch größeren Schmerz empfanden darüber die Mexikaner und die an der Lagune wohnenden Stämme, denn nicht einer von ihnen wäre auf den Gedanken gekommen, daß wir je so weit vordringen würden. [...]

Inzwischen hatte es Gott gefügt, daß der Kapitän einer Brigantine – Garcia Holguín – einen Kahn verfolgte, der von Leuten geringeren Standes besetzt zu sein schien; und da im Vorderteil seines Schiffes zwei oder drei Armbrustschützen standen, die auf die Leute im Kahn anlegten, so bedeuteten diese durch Zeichen, nicht zu schießen, weil der Kaiser unter ihnen weilte. Sofort sprangen meine Leute in den Kahn und machten Cuauhtemoc, den König von Tacuba, und andere große Herren seiner Gefolgschaft zu Gefangenen. Der Hauptmann Holguín brachte ihn sofort zu mir auf das Dach des Hauses, wohin ich mich zurückgezogen hatte und das neben dem Wasserbecken lag. Da ich ihm Platz anbot und ihn mit dem größten Wohlwollen behandelte, sagte er zu mir, er hätte alles, was in seinen Kräften lag, zu seiner und der Seinen Verteidigung getan, legte die Hand auf meinen Dolch und sprach: «Töte mich.» Ich tröstete ihn und sagte ihm, er hätte nichts zu befürchten.

Dank der Gnade Gottes wurde nach der Gefangennahme des Kaisers der Krieg noch am selben Tage, dem 13. August 1521, dem Tage des heiligen Hippolytus, beendet; die Belagerung dieser Stadt hat also fünfundsiebzig Tage gewährt, und Eure Majestät wird hiernach die Mühen, Strapazen und Gefahren ermessen können, die seine Untertanen auf sich genommen haben, und deren Bewältigung sie zu Männern machte, die ewig im Gedächtnis der Nachwelt leben werden.

Während dieser fünfundsiebzig Tage ist nicht ein einziger Tag ohne ein Scharmützel oder einen Kampf vergangen. Am Tage der Gefangennahme Cuauhtemocs und der Einnahme der Stadt kehrten wir nach Einsammlung der Beute in unsere Quartiere zurück und dankten Gott für seine große Gnade und den rühmlichen Sieg, den er uns vergönnt hat.

Großmächtigster Herr, Hernán Cortés, Hauptmann und Gerichtsherr von Neuspanien im ozeanischen Meer, sendet an Eure kaiserliche Majestät einen Bericht über die Ereignisse, die sich in diesen Gegenden abgespielt haben und deren Wahrheit wir als Offiziere Eurer katholischen Majestät bestätigen.

Sehr katholischer und siegreicher Herr, dessen Leben und königliche Person Gott beschütze und dessen Reiche und Herrschaften blühen und sich mehren mögen, wie es sein königliches Herz nur wünschen mag.

HERNÁN CORTÉS, «Die Eroberung Mexikos». Drei Berichte an Kaiser Karl V., 1522

Grausame Eroberung Mexikos

Neu-Spanien ward im Jahr eintausend fünfhundert und siebzehn entdeckt. Bei Gelegenheit dieser Entdeckung ward den Indianern von denen, welche es entdeckten, großes Ärgernis gegeben: auch wurden von ihnen verschiedene Mordtaten begangen. Im Jahr eintausend fünfhundert und achtzehn ward es von denen, welche sich Christen nannten, geplündert und verwüstet; wiewohl sie vorgaben, sie wollten sich bloß daselbst niederlassen. Vom Jahr eintausend fünfhundert und achtzehn, bis zum Jahre eintausend fünfhundert und zwei und vierzig, worin wir gegenwärtig leben, ward die Bosheit, Ungerechtigkeit, Gewalttätigkeit und Tyrannei, welche die Christen in Indien verübten, aufs höchste getrieben. Sie setzten alle Furcht und Scheu vor Gott und dem Könige gänzlich hintenan, und dachten nicht einmal mehr daran, wer sie eigentlich waren. Grausamkeit und Blutvergießen, Menschenmord und Verheerung, Entvölkerung, Raub, Gewalttätigkeit und Tyrannei wurden in den großen und mannigfaltigen Reichen auf dem Festlande so häufig und auf eine so unerhörte Art begangen, daß alles, was wir bereits angeführt haben, als nichts zu betrachten ist, wenn man es mit demjenigen vergleicht, was hier geschah. Einer Menge dieser Verbrechen haben wir nicht einmal erwähnt; wenn wir sie aber auch alle erzählten, so würden sie doch weder in Ansehung der Zahl noch der Strafwürdigkeit mit denjenigen in Vergleichung gesetzt werden können, welche von besagtem Jahr eintausend fünfhundert und achtzehn an, bis auf den heutigen Tag im Jahr eintausend fünfhundert und zwei und vierzig verübt und begangen wurden; ja noch jetzt, im Monat

Fortsetzung Seite 65

Eine Farm in Sinaloa, am Abhang der Sierra Madre Occidental. Im bergreichen Mexiko können nur fünfzig Prozent der Bodenfläche landwirtschaftlich genutzt werden. Vor allem werden Mais, Weizen, Reis und Bohnen angebaut.

Nächste Doppelseite: Landschaft bei Chihuahua, im Norden Mexikos.

Auf der Baja California, der trockenen Halbinsel am Pazifik, gedeihen vor allem die Kakteen. Es gibt in Mexiko etwa 4000 Arten, aber nur wenige, etwa die stark duftenden «Königinnen der Nacht», werden von den Mexikanern selbst geschätzt. Die Orgelkakteen (links) und Feigenkakteen werden auch als Nutzpflanzen verwendet – zum Bau von Zäunen oder als Nahrungsmittel.

Landschaftsaufnahmen von der Baja California, der trockenen Halbinsel am Pazifik.

Tropische Formen der Mistelgewächse.

Wüstensand und der spärliche Pflanzenwuchs arider Zonen bestimmen bisweilen das Landschaftsbild.

Kakteen und blühende Steppengewächse – nur dort, wo es auch Wasser gibt, wachsen Baumwolle, Zuckerrohr, Datteln und Wein.

Barranca del cobre, der Kupfercañon zwischen Chihuahua und Los Mochis in der Sierra Madre Occidental. Bis zu 1200 Meter tief sind die Schluchten der großartigen Berglandschaft.

September, übte man gerade die schwersten und allerschändlichsten aus. Die Regel, welche wir weiter oben festsetzten, ist demnach der Wahrheit vollkommen gemäß: daß nämlich die Spanier von Anbeginn an, sich nach und nach immer größerer Missetaten und satanischer Werke schuldig machten. [...]

Es verdient hier bemerkt zu werden, daß der Vorwand, unter welchem die Spanier alle die unschuldigen Menschen ermordeten, und Länder entvölkerten, welche wahrhaften Christen, wegen ihrer außerordentlichen und unsäglichen Volksmenge, Freude und Vergnügen gemacht haben würden, darin bestand, daß man von ihnen verlangte, sie sollten kommen, sich unterwerfen und dem Könige von Spanien huldigen; wo nicht, so werde man sie ermorden und zu Sklaven machen. Diejenigen, welche nun nicht gleich herbeieilten, diese unvernünftige und närrische Forderung zu erfüllen und sich den Händen so ruchloser, grausamer und viehischer Menschen anzuvertrauen, die nannten sie Rebellen und Aufrührer, welche sich dem Dienste Seiner Majestät entziehen wollten.

Bartolomé de Las Casas, «Kurzgefaßter Bericht von der Verwüstung der westindischen Länder», 1790

Die Gesellschaft Neu-Spaniens

Neu-Spanien: dieser Name bezeichnet eine besondere Gesellschaft mit einem nicht weniger besonderen Schicksal, eine Gesellschaft, die leidenschaftlich ihre Vorgeschichte und ihre Vorgänger verleugnete – die eingeborene und die spanische Welt – und die zugleich ambivalente Beziehungen mit ihnen unterhielt; außerdem war es eine Gesellschaft, die auch vom modernen Mexico verleugnet wird. Doch ohne Neu-Spanien wäre Mexico nicht, was es heute ist; aber Mexico ist auch gleichwohl nicht Neu-Spanien. Es ist vielmehr dessen Negation. Die neu-spanische Gesellschaft war eine Welt, die entstand, wuchs und im Augenblick ihrer Reife wieder unterging. Mexico selbst hat sie getötet. Die Illusion der historischen Optik ist weder zufällig noch naiv. Wir vermögen durch sie doch nicht das wahre Neu-Spanien zu erkennen, denn gelänge uns dies, würden wir erkennen, was wir nicht zu sein vermochten und auch nicht sein wollten. Was wir nicht sein konnten: ein Weltreich; was wir nicht sein wollten: eine hierarchische, von einem Kirchenstaat regierte Gesellschaft.

Die Mehrheit der Historiker zeichnet von Neu-Spanien ein konventionelles Bild. Nach ihrer Vorstellung liegt es als eine Phase der embryonalen Entwicklung zwischen dem indianischen und dem modernen Mexico. Aber die lineare Perspektive verdunkelt die geschichtliche Wirklichkeit: Neu-Spanien bedeutet mehr als eine Pause oder Periode des Übergangs zwischen der Welt der Azteken und dem unabhängigen Mexico. Unsere amtliche Geschichte kennt noch eine heftigere Negation: Neu-Spanien war ein Interregnum, ein Abschnitt der Usurpation und Unterdrückung, eine Periode geschichtlicher Unrechtmäßigkeit. Erst die Independencia schloß diese Parenthese und stellte die Kontinuität des historischen Diskurses wieder her, der durch die drei kolonialen Jahrhunderte unterbrochen gewesen war. Die Independencia war jedoch eine «Restauration». Unsere mangelhafte Gesamtsicht der geschichtlichen Wirklichkeit Neu-Spaniens offenbart sich schließlich als das, was sie wirklich ist: keine Frucht der Kurzsichtigkeit, sondern die einer unbewußten Verdunklung. [...]

Neu-Spanien ist der Ursprung des modernen Mexico; doch zwischen beiden besteht ein Bruch. Mexico ist nicht die Fortsetzung der Gesellschaft des 17. und 18. Jahrhunderts; es widerspricht ihr sogar als eine andere Gesellschaft. [...] Die Gesellschaft des Vizekönigtums war nicht nur eine besondere, sie verspürte auch schon früh das Bedürfnis, diese Besonderheit zu behaupten. Sie gab sich jedoch nicht zufrieden, anders zu sein und zu fühlen als Spanien; sie schuf sich sogar ein eigenes universales Schicksal trotz und wider allem spanischen Universalismus.

Neu-Spanien wollte das «andere» Spanien sein: ein Imperium, das Rom Amerikas. Es verfolgte das widersprüchliche Ziel, die Verwirklichung des «alten» Spanien zu werden;

Die Geschichte Mexikos im Wandbild. Ausschnitt aus dem Zyklus «Eroberung und Befreiung Mexikos» von Diego Rivera (Historisches Museum in Cuernavaca).

eine Absicht, die bereits eine Negation einschloß. Um das «alte» zu vollenden, hat es das «neue» verleugnet und sich zu einem «anderen» gemacht. Das Bild des Phönix taucht in der mexicanischen Literatur des 17. und 18. Jahrhunderts immer wieder auf. Siguenza y Góngora nennt Sankt Thomas-Quetzalcóatl den Phönix des Westens, will sagen, den Phönix Amerikas. Der Apostel wird auf dem Scheiterhaufen geboren, auf dem der indianische Gott sich verbrannt hatte; Neu-Spanien entsteigt der Asche des «alten». Unergründliches Geheimnis: es ist ein anderes und doch dasselbe Spanien. Dieses Geheimnis bestimmt sein Wesen, das im Widerspruch lebt, der nur durch den Tod aufgelöst werden kann: um ein «anderes» zu werden, muß es sterben, das heißt, das «alte» und das «neue» verleugnen. Dieser Widerspruch Neu-Spaniens hat den doppelsinnigen Charakter der Erbsünde, mit dem einzigen Unterschied: Im Gegensatz zur «culpa felix» des heiligen Augustin wird Neu-Spanien verdammt. Seine raison d'être ist zugleich die Ursache seines Untergangs.

Octavio Paz, «Quetzalcóatl und Tonantzín», 1979

Über die mexikanischen Ureinwohner

Was die moralischen Eigenschaften der mexikanischen Ureinwohner betrifft, so ist es schwer, sie mit Richtigkeit zu beurteilen, wenn man diese unter langer Tyrannei schmachtende Kaste bloß im jetzigen Zustand ihrer Erniedrigung betrachtet. Zu Anfang der spanischen Eroberung wurden die wohlhabendsten Indianer, bei denen man eine gewisse intellektuelle Kultur vermuten konnte, größtenteils die Opfer der europäischen Grausamkeit. Besonders wütete der christliche Fanatismus aber gegen die aztekischen Priester; man vertilgte alle Teopixqui oder Diener der Gottheit; alle die, welche die Teocalli oder die Häuser Gottes bewohnten und die man als die Bewahrer der historischen und astronomischen Kenntnisse des Landes ansehen konnte, indem die Priester in Mexiko den

Diego Rivera: «Die Medizin im alten Mexiko». Wandbild im Institut für Sozialhilfe, Mexico City (Ausschnitt).

Mittagsschatten an den Sonnenuhren beobachteten und die Interkalationen regulierten.

Die Mönche ließen sogar die hieroglyphischen Bilder verbrennen, durch welche aller Art Kenntnisse von Generation zu Generation verpflanzt wurden. Nachdem das Volk dieser Unterrichtsmittel beraubt war, verfiel es in eine um so tiefere Unwissenheit, da die Missionare die mexikanischen Sprachen nur sehr schlecht verstanden und daher die alten Ideen durch wenige neue zu ersetzen vermochten. Die indianischen Frauen, welche noch einiges Vermögen gerettet hatten, verheirateten sich lieber mit den Eroberern, als daß sie die Verachtung teilten, welche man gegen die Indianer hatte, und die spanischen Soldaten strebten um so mehr nach dergleichen Verbindungen, da nur sehr wenige Europäerinnen der Armee gefolgt waren.

So blieb denn von den Eingeborenen bloß die dürftigste Rasse übrig, nämlich die Landbauer, die Handwerker, unter welchen man besonders eine große Menge Weber zählte, die Lastträger, deren man sich wie der Saumtiere bediente, und besonders die Hefe des Volkes, diese Menge von Bettlern, welche die Unvollkommenheit der gesellschaftlichen Institutionen und den Druck des Feudalwesens bezeugten und schon zu Cortez' Zeit die Straßen aller großen Städte des mexikanischen Reiches anfüllten. Wie soll man nun nach solch elenden Resten über ein mächtiges Volk und über den Kulturzustand, auf den es sich vom 12. bis 16. Jahrhundert erhoben hatte, sowie über die intellektuelle Entwicklung urteilen, deren es noch fähig ist? Wenn von der französischen oder deutschen Nation dereinst nichts als arme Landleute übrig wären, würde man es in ihren Gesichtszügen lesen können, daß sie Völkern angehört haben, die einen Descartes, Clairaut, Kepler und Leibnitz hervorgebracht haben?

Alexander von Humboldt, «Gesammelte Werke», 1889

Der Eintritt Mexikos in die moderne Welt

Wie der Jüngling Kaspar Hauser aus kerkerhafter Finsternis plötzlich ins Leben trat, welches er bisher noch niemals erblickt hatte, so staunte Mexiko, als es sich der weißen Menschheit gegenübersah. Wie Europa den aus dem Geheimnis ins Leben getretenen Jüngling anstaunte, so staunte dieses Europa, als es sich der «Neuen Welt» gegenübersah.

So eingebildet wie die Weißen waren die Roten nicht, sie hielten sich keineswegs für die seit ewig erbeingesessene, für die einzige lebensberechtigte und herrschaftsberufene Menschenart. Sie sahen die Bärtigen und Blaßhäutigen nicht als minderwertig an.

Auch Kaspar Hauser glaubte nicht, als er mit Menschen zusammenkam, er habe sie gefunden, sie seien seine Findlinge. Obwohl er bislang ohne sie ausgekommen war, glaubte er nicht, mehr zu sein als sie. Er trat ihnen mit scheuem Respekt entgegen.

Die Indianer traten dem Cortez gleichfalls mit scheuem Respekt entgegen, leider. Ihnen schien er der gute Gott Quetzalcoatl zu sein, der einst dem Lande entschwunden war, aber versprochen hatte, wiederzukehren. Nun war er also wiedergekehrt, und siehe da, die steinernen Bildnisse, die man allerorten dem Quetzalcoatl gestellt hatte, erwiesen sich als verblüffend ähnliche Porträts von Cortez. (Im Basler Museum für Völkerkunde steht eine Quetzalcoatl-Statue, zu der der Konquistador Modell gesessen haben könnte, wenn sie nicht lange vor ihm geschaffen worden wäre.)

Ohne dieses Äußere hätte Cortez dort Widerstand erweckt, wo er dank dieses Äußeren Waffenhilfe und Gehorsam erweckte. Er wurde der umgekehrte Don Quijote, der Ritter von der glücklichen Gestalt, und seine Don-Quijoterien endeten mit siegreichem Ruhm. Wo er Windmühlen zu berennen glaubte, fand er ein feindliches Heer und besiegte es, wo er eine Kuhmagd umarmte, erwies sie sich als das geborene Ritterfräulein, und sie verhalf ihm zu Triumphen.

So rasch auch die Indios erkannten, daß sein Äußeres sie betrogen hatte, daß er alles eher als der Heiland sei – es war zu spät. Man soll eben nicht voreilig Mythen schaffen. Besser als die Indios verstand die Kirche sich aufs Timing. Erst als Cortez sein Werk bereits vollendet hatte, verkündete sie von der Kanzel und auf Flugblättern den Mythos: Ein

Die mexikanische Revolution. Links: Der Bauernführer Emiliano Zapata im Atelier des Photographen Augustin Victor Casasola. Rechts: Von Casasola photographierte Teilnehmer der etwa von 1910 bis 1920 dauernden Revolution.

Fingerzeig Gottes sei es, daß zur gleichen Stunde, da in Deutschland Martin Luther geboren wurde, in Spanien Ferdinand Cortez zur Welt kam, um der Mutter Gottes und dem Papst so viele Seelen zuzuführen, als ihnen jener Erzketzer entrissen.

In ungeheurem Ausmaß ist die Konquista geglückt, die Kolonisierung, die Kapitalisierung, die Pauperisierung, die Bürokratisierung und die Demoralisierung, kurzum, die Europäisierung. Der Heide ward zum Kirchengänger, der Wilde zum Bergmann, der Jäger zum Kaufmann, die Natur zum Rohmaterial, der See zum Festland, die Pyramiden zum Touristenziel, die Götzen zum Handelsobjekt und die Hauskunst zum Ausfuhrartikel. Die Städte besitzen Kathedralen und Paläste altspanischen Stils, und die übrigen Gebäude sind neutral, wie Häuser in Städten der übrigen Welt.

Du kommst im Eisenbahnzug an, nimmst Autobus, Straßenbahn oder Taxi und fährst ins internationale Standardhotel, als wäre hier nicht noch jüngst ein See gewesen mit Lagunen und Dammwegen. Du begegnest Menschen mit Allerweltskleidern und Allerweltsgesichtern und kannst dir überhaupt nicht vorstellen, daß hier einst Moctezuma mit meterhoher Federnpracht auf dem Haupt in goldener Gondel spazierenfuhr. Dennoch würdest du, käme er jetzt des Weges, nicht so sehr über ihn staunen wie er über dich, der Kaspar Hauser mit der Kaiserkrone.

Egon Erwin Kisch, «Der Kaspar Hauser unter den Nationen», 1945

Das gewaltsame Ende Zapatas

Indessen wartete Zapata mit seiner Eskorte bei Pastor auf Guajardo, einem kleinen Bahnhof an der Interozeanischen Eisenbahn südlich von Jonacatepec. Seinen Spionen waren Gerüchte zu Ohren gekommen, daß sie in eine Falle gelockt werden sollten; aber Zapata verdrängte sein Mißtrauen. Als die Nachrichten aus Jonacatepec eintrafen, wies er Guajardo an, ihm entgegenzukommen, und zwar sollte jeder eine Eskorte von dreißig

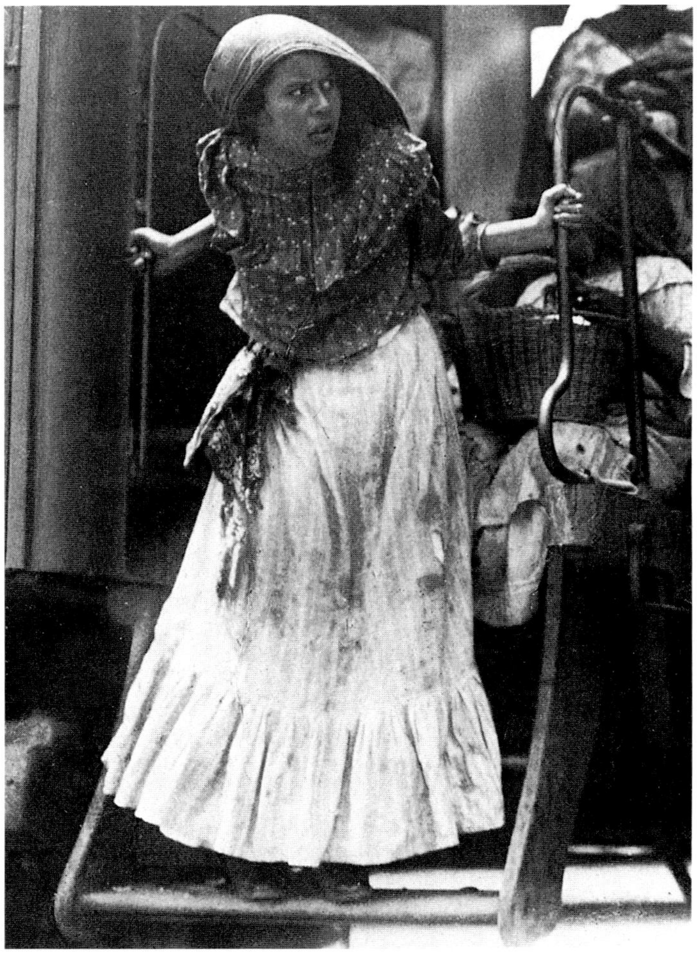

Momentaufnahmen der Revolutionszeit. Casasola war seinem Selbstverständnis nach der erste Photoreporter Mexikos. Es gab allerdings noch kein mit Bildern arbeitendes Magazin, in dem seine Aufnahmen hätten erscheinen können.

Mann mit sich führen. Noch am gleichen Nachmittag, ungefähr um 16.30 Uhr, stießen die beiden bei Pastor aufeinander, Zapata mit dreißig Mann, Guajardo mit einer Armee von sechshundert und einem Maschinengewehr. Trotzdem blieb Zapata herzlich, gab Guajardo einen *abrazo*, beglückwünschte ihn und nahm ein Geschenk von ihm an: sein preisgekröntes Pferd, einen Fuchs mit dem Namen «As de Oros» – das Goldene Aß. Zusammen ritten sie einige Kilometer weiter gegen Süden nach Tepalcingo. Zapata konnte seine Zweifel nicht gänzlich besiegen, und mehrmals an diesem Abend versuchte er, Guajardo zu bewegen, mit ihm und anderen morelensischen Jefes das Abendessen in seinem Quartier einzunehmen, um ihn dort auf Herz und Nieren zu prüfen. Aber die Einladungen fruchteten nichts. Guajardo entschuldigte sich mit Magenschmerzen, und endlich bat er, man möge noch in der gleichen Nacht nach Chinameca zurückkehren, um sicher zu sein, daß González seine Munitionslager in Ruhe ließ. Zapata war einverstanden und schlug vor, sich am folgenden Morgen in Chinameca zu treffen, um die nächsten Schritte zu besprechen. Guajardo zog ab, und Zapata lagerte im Gebirge irgendwo auf dem Weg dorthin. Er hatte jetzt Verstärkung bei sich, alles in allem 150 Mann – zu viele, als daß Guajardo einen Überfall hätte wagen können.

Kaum dämmerte der 10. April, saßen Zapata und seine Eskorte schon wieder auf den Pferden. Dies war Zapatas Heimat. Die Hacienda Chinameca, die er damals nach dem Zusammenschluß mit Madero 1911 als einen der ersten Orte besetzt hatte, lag knappe 55 Kilometer hinter Villa de Ayala, am Río Cuautla. Später an diesem Tag erinnerte er sich daran, daß er in jenem Sommer in dieser Gegend um ein Haar gefaßt und getötet worden war. Wie oft war er über diese Pfade geritten! – als junger Mann unterwegs zu einem Markt oder einer Viehauktion, und dann während der letzten acht Jahre als Rebell, Revolutionär, Geächteter, als Jäger oder als Gejagter. Er kannte jeden Pfad, jeden Bach, jeden Zaun. Das Land war kühl und frisch an diesem frühen Aprilmorgen. Die Regenzeit hatte bereits begonnen, und damit auch der Anbau der Felder. Im August würde er vierzig werden. Von

Zapata schenkt Tequila an seine Leute aus (Casasola). 1919 wird der Revolutionär von seinen politischen Gegnern ermordet.

seinen Kindern kannte er nur den Ältesten, Nicolás, der jetzt dreizehn war und den er noch kaum in die Schule genommen hatte. Nichts ließ die Ereignisse erahnen, die an diesem Tag, einem gewöhnlichen Donnerstag, geschehen sollten. Natürlich bildete die Ungewißheit über den Pakt mit Guajardo eine zusätzliche Last; aber die Spannung, die er fühlte und die aus einer Mischung von Vertrauen, Furcht und Hoffnung bestand, war alt und wohlvertraut. Ungefähr um acht Uhr dreißig langte er mit seinen Männern drunten in Chinameca an.

An die Außenmauer der Hacienda waren mehrere Schuppen angebaut; und in einer dieser Hütten konferierten Zapata und Guajardo. Zapatas Leute ruhten sich innerhalb der Mauer aus. Es dauerte nicht lange, bis jemand die Gespräche über Munitionsbeschaffung und Angriffspläne mit der Meldung unterbrach, nationale Truppen seien in der Region gesehen worden. Zapata hieß Guajardo, unverzüglich Wachen aufstellen, während er seine eigenen Leute in Patrouillen unterteilte und auf Erkundung ausschickte. Einen dieser Spähtrupps leitete er persönlich. Obwohl keinerlei Anzeichen auf feindliche Bewegungen schließen ließen, postierte er Wachen in der Umgebung, bevor er zurückkehrte. Dies geschah ungefähr um dreizehn Uhr dreißig. Innerhalb der Haciendamauer befanden sich jetzt nur noch Leute aus Guajardos Verband mit Ausnahme von Palacios, der mit Guajardo einen Plan ausheckte, wie sie aus dem Geheimlager 12000 Magazine (zu 20 Schuß) entwenden könnten. Zapata wartete. Man lud ihn ein, mit Guajardo zu speisen und den Pakt endgültig abzuschließen, aber der Chef der Revolution zog es vor, weiterhin zu warten. Als Guajardos Offiziere ihn jedoch wiederholt aufforderten, konnte er den verlockenden Tortillas und dem Bier kaum mehr widerstehen. Der Tag hatte früh begonnen, und sie hatten einen ziemlich harten Ritt hinter sich. Gegen zwei Uhr wurde Zapata ungeduldig, und um 14.10 Uhr endlich nahm er die Einladung an. Er schwang sich auf den Fuchs, den ihn Guajardo am Tag zuvor geschenkt hatte, rief zehn Männer zu sich und ritt mit ihnen durch das Haupttor in die Hacienda hinein.

Reiseimpressionen der Jahrhundertwende (Photos der Doppelseite aus «Mexican Vistas» 1899). Landarbeiter in einem Agavenfeld.

Der große Brunnen bei Hercules.

Auf dem Hauptplatz der Silberstadt Zacatecas.

Früchteverkäufer in der Hafenstadt Tampico am Golf von Mexiko.

Ein junger Augenzeuge erstattete Magaña noch am gleichen Abend Bericht: «Unser zehn folgten ihm, wie er befohlen hatte. Die anderen blieben (vor den Mauern), ruhten sich im Schatten der Bäume aus und fühlten sich so sicher, daß sie die Gewehre zusammengestellt hatten. Guajardos Leute hatten sich in Reih' und Glied wie eine Ehrengarde aufgestellt. Dreimal blies das Signalhorn den Ehrensalut; und als der letzte Ton verklang und der Chefgeneral die Schwelle des Tors erreichte ... legten die Soldaten, ohne ihm auch nur Zeit zu lassen, seine Pistolen zu ziehen, aus nächster Nähe die Gewehre an und feuerten zwei Salven ab, und unser unvergeßlicher General Zapata fiel, um nicht wieder aufzustehen.

Die Überraschung war fürchterlich. Die Soldaten des Verräters Guajardo, die überall ... bereitstanden – fast tausend Mann –, richteten ihre Gewehre auf uns. Bald war jeder Widerstand nutzlos. Auf der einen Seite wir, eine Handvoll Männer, tief betroffen über den Verlust unseres Führers, auf der anderen Seite tausend feindliche Soldaten, ... die von unserer natürlichen Verwirrung profitierten, um mit größter Grausamkeit zuzuschlagen ... So geschah die Tragödie.» Opfer dieses gemeinen Hinterhalts wurden auch Palacios – als die Kugeln in die Türe einschlugen, erschossen ihn drinnen seine Gastgeber – und zwei andere Mitglieder von Zapatas letzter Eskorte. Die Überlebenden flohen Hals über Kopf hinunter nach Sauces, einem Basislager wenige Kilometer südlich von Chinameca.

John Womack, «Sterben für die Indios», 1968

Auf dem Weg zur Souveränität

Heute hat Mexiko die großartige Chance, sich vom politischen und wirtschaftlichen Druck zu befreien, den die Erdölgesellschaften auf das Land ausüben, indem sie einen unserer wichtigsten Bodenschätze für ihren eigenen Profit ausbeuten, und die mit ihren Aktionen die Verwirklichung des in der Verfassung vorgesehenen Sozialprogramms beeinträchtigt haben; Schaden ist dem Land ebenfalls durch jene Gesellschaften entstanden, die an unseren Grenzen und im Landesinnern über riesige Latifundien verfügen, sowie durch die Regierungen ihrer Ursprungsländer, die mit ungerechtfertigten Forderungen an uns herangetreten sind.

Seit der Revolution haben verschiedene Regierungen versucht, in der Frage der Bodenkonzessionen für ausländische Gesellschaften etwas zu unternehmen, allerdings unter Umständen, die aufgrund des internationalen Drucks und aufgrund innerer Probleme nicht günstig waren. Doch heute sind die Bedingungen anders: Im Land herrschen keine bewaffneten Kämpfe, ein neuer Weltkrieg steht bevor, und England und die Vereinigten Staaten werden nicht müde, die Demokratien zu stützen und ihre Achtung vor der Souveränität der Länder zu bekunden; jetzt wird sich zeigen, ob sie zu ihrem Wort stehen, wenn Mexiko von seinem Recht auf Souveränität Gebrauch macht.

Die von mir geführte Regierung wird in dieser Stunde ihrer Verantwortung nachkommen und kann dabei mit der Unterstützung durch das Volk rechnen.

Es gibt Länder, die durchaus ihre natürlichen Ressourcen für die eigene Entwicklung in Anspruch nehmen konnten, doch die Unentschlossenheit ihrer Regierungen und deren Kompromisse sind schuld daran, daß der wirtschaftliche Aufschwung und die politische Unabhängigkeit ihrer Völker keine Fortschritte macht. Zusammenschluß der lateinamerikanischen Länder zur Verteidigung und besseren Nutzung ihrer natürlichen Ressourcen – das wäre die Lösung für viele unserer Probleme; aber davon sind wir noch sehr weit entfernt.

Lázaro Cárdenas, «Obras, Tomo I», 1938

[Neun Tage später – am 18. 3. 1938 – wurden die Erdölgesellschaften aufgrund eines Dekrets von Cárdenas enteignet.]

Unsere Länder sind benachbart und dazu verurteilt, Seite an Seite zu leben; weniger jedoch als physische und politische Grenzen trennen sie erhebliche gesellschaftliche, ökonomische und psychische Unterschiede. Diese Unterschiede springen ins Auge, und ein oberflächlicher Blick könnte sie auf den bekannten Gegensatz zwischen Entwicklung und Unterentwicklung, Reichtum und Armut, Macht und Schwäche, Vormachtstellung und Abhängigkeit zurückführen. Der wirklich grundlegende Unterschied ist jedoch nicht erkennbar; zudem ist er vielleicht unüberbrückbar. Um nachzuweisen, daß er weder im wirtschaftlichen Bereich noch in der politischen Macht liegt, braucht man sich nur ein Mexiko vorzustellen, das sich plötzlich in ein prosperierendes und dynamisches Land, in eine Supermacht wie die Vereinigten Staaten verwandelt hätte: die Unterschiede, weit davon entfernt zu verschwinden, würden noch deutlicher zutage treten. Der Grund ist völlig klar: diese Unterschiede sind nicht lediglich quantitativer, sondern auch kultureller Art. Was uns trennt, ist eben das, was uns verbindet: wir sind zwei verschiedene Versionen der westlichen Kultur.

Mexiko und die USA

Seit sich die Mexikaner Mitte des 18. Jahrhunderts ihrer nationalen Identität bewußt zu werden begannen, interessierten sie sich für ihren Nachbarn. Anfangs mit einer Mischung aus Neugier und Verachtung; dann mit Bewunderung und Begeisterung, bald gefärbt von Argwohn und Neid. Die Vorstellung, die das mexikanische Volk von den Vereinigten Staaten hat, ist widersprüchlich, gefühlsbetont und für Kritik undurchlässig; es ist weniger eine Vorstellung als ein mythisches Bild. Das gleiche kann man von der Vorstellung unserer Intellektuellen und Schriftsteller sagen. Ähnlich verhält es sich bei den Nordamerikanern, handle es sich um Schriftsteller oder Politiker, um Geschäftsleute oder um einfache Touristen. Ich verhehle nicht die Existenz einer Handvoll hervorragender Studien verschiedener nordamerikanischer Fachleute, insbesondere auf dem Gebiet der Archäologie sowie dem der Geschichte des alten und modernen Mexiko; doch so verdienstvoll diese Arbeiten sind: sie sind leider kein Ersatz für das, was wir dringender brauchen: eine profunde Zusammenschau. Gewiß waren die Beobachtungen der Romanciers und Dichter, die über mexikanische Themen geschrieben haben, oft glänzend, und manchmal haben sie ins Schwarze getroffen. Trotzdem waren ihre Wahrnehmungen fragmentarisch und enthüllen, wie ein Kritiker sagt, [...] weniger die Wirklichkeit Mexikos als die Persönlichkeit dieser Autoren. Im allgemeinen haben die Nordamerikaner nicht Mexiko in Mexiko gesucht; sie haben ihre Obsessionen, ihren Enthusiasmus, ihre Probleme, ihre Hoffnungen, ihre Interessen gesucht – und das ist es, was sie gefunden haben. Kurz, die Geschichte unserer Beziehungen ist die einer gegenseitigen hartnäckigen Täuschung – einer im allgemeinen, wenn auch nicht immer, unbeabsichtigten Täuschung.

Octavio Paz, «Mexiko und die Vereinigten Staaten», 1979

Die Metropole

Geographische Lage

Die Stadt Mexiko steht durch ihre natürliche Lage gleichsam in Verbindung mit allen Teilen der zivilisierten Welt. Auf einer Landenge erbaut, welche von einer Seite die Südsee, von der anderen der Atlantische Ozean bespült, scheint sie zu einer wichtigen Rolle auf dem großen Schauplatze politischer Ereignisse bestimmt zu sein. Ein König von Spanien, der seine Residenz im Tale von Tenochtitlán aufschlüge, könnte seine Befehle in fünf Wochen nach Europa, in sechs Wochen nach Asien, nach den Philippinischen Inseln gelangen lassen. Das unermeßliche mexikanische Reich, mit gehörigem Fleiße angebaut, könnte fast allein die Produkte erzeugen, welche der Fleiß schiffahrender Nationen auf allen übrigen Teilen des Erdballes sammelt, Zucker, Cochenille, Kakao, Baumwolle, Kaffee, Weizen, Hanf, Flachs, Seide und Wein. Es besitzt alle nutzbaren Metalle, selbst das Quecksilber nicht ausgenommen. Herrliches Bauholz, Überfluß an Eisen und Kupfer würden die Fortschritte der mexikanischen Schiffahrt begünstigen. Nur der Zustand der

Weltstädtische Eleganz im 19. Jahrhundert: Abendliches Flanieren vor Mexico Citys Kathedrale (um 1870).

Küsten und der Mangel an Häfen von der Mündung des Rio Alvarado an bis zum Ausflusse des Rio Bravo stellen Hindernisse in den Weg, welche selbst unter den günstigsten politischen Verhältnissen schwer zu entfernen sein werden.

Diese Hindernisse beschränken sich indes nur auf die östlichen Küsten. San Francisco in Neukalifornien, San Blas in der Provinz Guadalajara an der Mündung des Santiagoflusses und vorzüglich Acapulco sind vortreffliche Häfen. Der letztere Hafen ist wahrscheinlich durch irgendeine heftige Erderschütterung gebildet. Er gehört zu den bewunderungswürdigsten Meeresbuchten der bekannten Erde.

Alexander von Humboldt, «Gesammelte Werke», 1889

Mexico City

Wie soll man eine Stadt beschreiben? Es ist selbst einem alten Einwohner unmöglich; man kann nur einen vereinfachten Plan bringen; hier ein Haus, dort einen Park als Symbole des Ganzen. Hätte ich die Aufgabe, einem Ausländer einen Begriff von London zu geben, so würde ich etwa den Trafalgarplatz nehmen und Piccadilly Circus, Strand und Fleet Street, die verlorenen Einöden der Queen Victoria Street und der Tottenham Court Road, Dörfer wie Chelsea, Clapham und Highgate, die um ihr Eigenleben kämpfen, die Great Portland Street wegen der übertragenen Autos und der ramponierten älteren Herren mit den Collegekrawatten, Paddington wegen der bedenklichen Hotels ... und wieviel würde noch fehlen, der Bloomsbury Square mit seinem wohlfeilen Laster und seinen heimwehkranken Indern und seiner Regen- und Sehnsuchtsstimmung, die Docks ...?

Der Grundriß der meisten Städte läßt sich vereinfacht auf eine Kreuzform bringen; nicht so Mexiko City, das langgedehnt und asymmetrisch auf seinem Hochplateau liegt. Es tritt wie eine Bahnstrecke aus einem Tunnel – den finstern engen Straßen westlich des Zocalo, des großen Platzes, auf dem die Kathedrale gleich einer altspanischen ungefügen

Aus der Richtstätte der Inquisition wurde ein brunnenreicher Stadtgarten: der Alameda-Park (1859).

Galeone dicht am Nationalpalast segelt. Dahinter, im Tunnel, verliert sich das Universitätsviertel – tiefe düstere Steinstraßen wie die des linken Seineufers in Paris – mit Straßenbahnlinien und kleinen Läden in die Bezirke der Spelunken und Straßenbasare. Im Tunnel gewahrt man, daß Mexiko City älter und weniger mitteleuropäisch ist, als es zuerst den Anschein hat – man sieht ein an einen Wassereimer festgeknüpftes Alligatorbaby; eine vollzählige Indianerfamilie, die am Rand des Gehsteigs ihr Gabelfrühstück verzehrt; und von den Kaufläden und der Fahrbahn durch ein Geländer abgezäunt, nahe der Kathedrale, einen Rest des von Cortes zerstörten Aztekentempels. Und immer wieder tauchen überall zwischen Geschäftshäusern und neuen amerikanischen Hotels versteckt die alten Barockkirchen und Klöster auf, manche noch immer geöffnet, manche völlig anderen Zwecken dienstbar gemacht – das Cine Mundial, einst das Kloster Jesús María; die Staatsbibliothek, einst die Bethlehemkirche; ein Warenhaus, das eine katholische Schule war; ein Kaufladen, eine Garage, eine Zeitungsredaktion, die immer noch die alten Fassaden zeigen. Zwischen dem 11. November 1931 und dem 28. April 1936 wurden vierhundertundachtzig katholische Kirchen, Schulen, Waisenhäuser und Spitäler von der Regierung geschlossen oder anderen Bestimmungen zugeführt. Die staatliche Fortbildungsschule selber ist in einem Jesuitenkolleg aus dem achtzehnten Jahrhundert untergebracht.

Unser Phantasiezug verläßt nun den Zocalo und fährt in das Sonnenlicht hinaus. Die Cinco de Mayo und die Francisco Madero, elegante Geschäftsstraßen, laufen wie ein Doppelgleis vorbei an schmucken Mayfairstationen – den besten Antiquitätenläden, amerikanischen Teehäusern, Sanbornfilialen – auf die Kunsthalle und die Alameda zu. Dahinter befindet sich die Frachtstrecke – Tacuba –, wo man wohlfeile Kleidung kaufen kann, wenn man auf sein Äußeres nicht viel Wert legt. Nach der Kunsthalle führen die Doppelgleise verschiedene Namen, während sie an den Bäumen und Brunnen des Montezumaparks vorbeilaufen – die Avenida Juárez voller Touristengeschäfte, Milchschenken und kleinen Zuckerbäckerständen, und die Avenida Hidalgo, wo aus blaß-

Mexiko im Film. Vor allem die Revolution des beginnenden Jahrhunderts wurde zum Motivarsenal des Abenteuerfilms. Rechte Seite: Jeanne Moreau und Brigitte Bardot bei Dreharbeiten zu Louis Malles' komödiantischem Film «Viva Maria!» (1965).

Linke Seite oben links: Wallace Berry als Revolutionsführer Pancho Villa in «Viva Villa» von Howard Hawks und Jack Conway (1934). Oben rechts: Terror der Soldaten des Diktators Díaz in «Pancho Villa reitet». Mitte links und rechts: Szenen aus «Nazarin» (1958) von Luis Buñuel, der Leidensgeschichte eines mexikanischen Priesters. Der große spanische Filmregisseur, der seit 1946 mit Unterbrechungen in Mexiko lebte, drehte hier einige seiner wichtigsten Filme, darunter auch 1950 die Geschichte proletarischer Jugendlicher in den Slums von Mexico City: «Los Olvidados» (links und rechts unten).

«Tod und Leben, Jubel und Jammer, Gesang und Geheul» (Octavio Paz): Wie im Feste-feiern verbinden sich auch in den «heiteren» Todesbildern von José Guadelupe Posada die Extreme zum Ausdruck eines unverwechselbar mexikanischen Weltverständnisses. Links: «Totenkopf eines Zapatistas». Rechts: «Der Alkoholiker».

nicht nur, wir reißen uns auf, und alles – Gesang, Liebe, Freundschaft – endet in einem herzzerreißenden Geheul. Die Wucht unserer Feste zeigt deutlich, wie weit unser Hermetismus uns die Wege der Kommunikation mit der Welt versperrt. Wir kennen das Lied, das Geheul, den Wahnsinn und den Monolog –, aber nicht den Dialog. Unsere *Fiestas* wie unsere Vertraulichkeiten, Liebschaften und unsere Versuche, die Gesellschaft neu zu ordnen, stellen einen heftigen Bruch mit dem Alten und Etablierten dar. Immer wenn wir nach dem Ausdruck unserer selbst suchen, müssen wir mit uns selbst brechen. Und die *Fiesta* ist nur ein Beispiel – vielleicht das typischste – dieses heftigen Bruches.

Octavio Paz, «Das Labyrinth der Einsamkeit», 1950

Mexikanischer «Machismo»

[...] da viel vom mexikanischen *machismo* die Rede ist, sei auch daran erinnert, daß dieses «männliche» Benehmen und als Konsequenz die Situation der Frau in Mexiko unverkennbar auf Spanien zurückgehen. Der *machismo* rührt aus einem sehr starken und eitlen Gefühl von Manneswürde her. Der Mann ist außerordentlich empfindlich und reizbar, und nichts ist gefährlicher als ein Mexikaner, der einen ruhig ansieht und mit sanfter Stimme, etwa weil man es abgelehnt hat, noch einen zehnten Tequila mit ihm zu trinken, den – immer ernst gemeinten – Satz ausspricht:

«*Me esta usted ofendiendo.*» – «Sie sind dabei, mich zu beleidigen.»

In einem solchen Fall empfiehlt es sich, doch das zehnte Glas zu trinken.

Neben diesen Fällen von mexikanischem *machismo* gibt es noch die seltsamsten Beispiele von Schnelljustiz. Daniel, mein Assistent bei *Subida al cielo*, hat mir die folgende Geschichte erzählt. Einmal geht er am Sonntag mit sieben oder acht anderen Männern auf die Jagd. Mittags machen sie eine Pause, um zu essen. Plötzlich sehen sie sich von bewaffneten und berittenen Männern umgeben, die ihnen ihre Gewehre und Stiefel abnehmen.

Einer der Jäger ist mit einer hochgestellten Persönlichkeit der Gegend befreundet. Sie erzählen ihm den unerfreulichen Vorfall. Die hochgestellte Persönlichkeit stellt noch ein paar Fragen zu den Personen und sagt dann:

«Erweisen Sie mir die Ehre, am nächsten Sonntag auf ein Glas zu mir zu kommen.»

Sie gehen am folgenden Sonntag zu ihm, der Mann empfängt sie liebenswürdig und traktiert sie mit Kaffee und Likör, dann bittet er sie ins Nebenzimmer. Da finden sie ihre Stiefel und Gewehre. Die Jäger möchten natürlich wissen, wer die Angreifer waren und ob sie sie sehen können. Der Mann erwidert ihnen lächelnd, daß das die Sache nicht wert sei.

Man hat sie nie wiedergesehen. Auf diese Weise «verschwinden» in Lateinamerika jedes Jahr Tausende von Leuten. Die Liga für Menschenrechte und amnesty international bemühen sich vergeblich. Die Leute verschwinden weiter.

In Mexiko wird ein Mörder nach der Zahl der Leben taxiert, die er «schuldet». Man sagt, er «schuldet» soundso viele Leben. Es hat Mörder gegeben, die hundert Leben «schuldeten». Wenn in einem derartigen Fall der Polizeichef den Mörder endlich packt, wird nicht lange gefackelt.

Während der Dreharbeiten zu *La Mort en ce jardin (Der Tod in diesem Garten)* in der Nähe des Catemacosees erfuhr der örtliche Polizeichef, der in der Gegend schon gründlich aufgeräumt hatte, daß der französische Schauspieler Georges Marchal Schußwaffen liebte, und lud diesen, als sei es das Natürlichste von der Welt, zu einer Menschenjagd ein. Marchal lehnte entsetzt ab. Ein paar Stunden später sahen wir die Polizisten wieder vorbeikommen. Der Polizeichef erwähnte nebenher, daß die Angelegenheit zufriedenstellend erledigt worden sei.

LUIS BUÑUEL, «Mein letzter Seufzer», 1982

Die Tarahumara-Indianer

Im Norden Mexikos, achtundvierzig Stunden von Mexiko-Stadt entfernt, gibt es eine reinblütige indianische Rasse, die Tarahumaras. Da leben vierzigtausend Menschen in einem Zustand wie vor der Sintflut. Sie stellen eine Herausforderung dar für diese Welt, in der nur soviel von Fortschritt geredet wird, weil man wahrscheinlich keine Hoffnung mehr hat, Fortschritte zu machen.

Diese Rasse, die körperlich degeneriert sein müßte, wehrt sich seit vierhundert Jahren gegen alles, was ihr gefährlich werden könnte: gegen die Zivilisation, die Vermischung mit anderen Rassen, den Krieg, den Winter, die wilden Tiere, die Stürme und den Wald. Im Winter lebt sie, allen medizinischen Theorien zum Trotz, nackt in ihrem vom Schnee blockierten Gebirge. Sie praktiziert den Kommunismus, und zwar aus einem Gefühl spontaner Solidarität heraus.

So unglaublich das scheinen mag, die Tarahumara-Indianer leben, als ob sie schon gestorben wären ... Sie nehmen die Realität nicht wahr und ziehen magische Kräfte aus der Verachtung, die sie der Zivilisation entgegenbringen.

Von irgendeinem Wandertrieb gepackt, kommen sie manchmal in die Städte, um zu sehen, sagen sie, *wie die Menschen sind, die sich getäuscht haben.* In den Städten leben, heißt für sie: sich täuschen. Sie kommen mit Frau und Kind, über ungangbare Pfade, auf die sich nicht einmal Tiere wagen.

Wenn ich sehe, wie sie unbeirrt ihren Weg entlangziehen, durch Wildbäche, über absackenden Erdboden, durch dichtes Unterholz, über Felstreppen und senkrechte Wände, drängt sich mir der Gedanke auf, daß sie noch über die natürliche Schwerkraft der ersten Menschen verfügen.

Auf den ersten Blick ist das Land der Tarahumaras unzugänglich. Kaum ein paar unkenntliche Trampelpfade, die alle zwanzig Meter vom Erdboden verschluckt zu werden scheinen. Wenn man kein roter Mann ist, muß man haltmachen, sobald die Nacht hereingebrochen ist. Denn nur ein roter Mann kann dann noch erkennen, wo man den Fuß hinsetzen darf.

Das Leben der Indios in Mexiko (Leipziger Illustrierte, 1859).

Wenn die Tarahumaras in die Städte herabkommen, betteln sie. Auf eine faszinierende Weise. Sie bleiben vor den Haustüren stehen und zeigen sich mit dem Ausdruck tiefster Verachtung im Profil. Sie sehen aus, als wollten sie sagen: «Du bist reich und bist ein Hund, ich tauge mehr als du, ich spucke auf dich.»

Ob man ihnen etwas gibt oder nicht, sie ziehen sich immer nach der gleichen Zeitspanne zurück. Sie danken nicht, wenn man ihnen etwas gibt. Demjenigen etwas zu geben, der nichts hat, halten sie nämlich nicht nur für eine Pflicht, sondern für ein Gesetz körperlicher Gegenseitigkeit, das die Weiße Welt gebrochen hat. Ihre Haltung scheint auszudrücken: «Indem du dem Gesetz gehorchst, erweist du dir selbst eine Wohltat, ich habe dir also nicht zu danken.»

Mit dem Geld, das sie auf diese Weise erbettelt haben, kaufen sie sich Lebensmittel für den Rückweg, denn im Wald der Tarahumaras wäre Geld sowieso zu nichts gut.

Dieses Gesetz körperlicher Gegenseitigkeit, das wir Barmherzigkeit nennen, ist für die Indianer etwas Selbstverständliches und hat nichts mit Mitleid zu tun. Wer nichts besitzt, weil er eine Mißernte gehabt hat, weil ihm der Mais verbrannt ist, weil ihm sein Vater nichts hinterlassen hat oder aus welchem Grund auch immer, wofür er sich nicht zu rechtfertigen braucht, findet sich bei Sonnenaufgang bei denen ein, die etwas haben. Auf der Stelle bringt ihm die Herrin des Hauses alles, was sie hat. Niemand blickt auf, weder der Gebende noch der Empfangende. Nachdem der Bettler gegessen hat, zieht er weiter, ohne zu danken, ohne jemanden anzusehen.

Das ganze Leben der Tarahumaras dreht sich um den erotischen Peyotl-Ritus.

Die Peyotl-Wurzel ist hermaphroditisch. Sie hat bekanntlich die Form eines sowohl männlichen wie weiblichen Geschlechtes. Auf diesem Ritus beruht das ganze Geheimnis dieser wilden Indianer. Seine Kraft wird, wie mir schien, durch eine Raspel symbolisiert, eine Art krummgebogenes, mit Kerben bedecktes Holz, aus welchem die Peyotl-Zauberer

Wildheit als Idyll – die mexikanischen Indianer aus europäischer Sicht (1859).

mit Stäbchen ganze Nächte lang ein rhythmisches Schnarren hervorlocken. Doch am seltsamsten ist die Art und Weise, wie diese Zauberer auserwählt werden. Eines Tages fühlt sich ein Indianer *berufen*, mit der Raspel umzugehen. Er macht sich auf die Suche nach ihr in einem heiligen Winkel des Gebirges, wo seit Jahrtausenden eine unwahrscheinliche Sammlung von Raspeln ruht, die von anderen Zauberern vergraben worden sind. Sie bestehen aus Holz, dem Holz der warmen Erde, wie sie sagen. Der Tarahumara verbringt dann drei Jahre in dieser Raspelpflanzung, kehrt nach Ablauf des dritten Jahres zurück und ist im Besitz dessen, was das Wesen des Ritus ausmacht.

So lebt dieses seltsame Volk, auf das keine Zivilisation jemals Einfluß haben wird.

ANTONIN ARTAUD, «Die Rasse der ausgestorbenen Menschen», 1964

Menschen in Mexiko

Ihr fragt, wie die Menschen in Mexiko leben? – Von wem soll man erzählen?

Von Hidalgo? – Er ließ die Glocke der Dorfkirche von Dolóres läuten, und damit gab er als erster das Zeichen zum Aufstand gegen die Spanier. Dieselbe Glocke läutete nach der Befreiung jedes Jahr zum Nationalfeiertag auf dem Präsidentenpalais von Mexiko.

Soll man von Morelos sprechen? – Seine Herkunft war unklar. Neger- und Indioblut waren in ihm gemischt. Seine Jugend war elend. Seine Schulbildung dürftig. Er war ein erbärmlicher Dorfpfarrer. Da überwältigte ihn die Idee, die Hidalgo mit Leben und Tod bezeugte. Er wurde gewaltig im Aufstand. Eine Handvoll Bauern wurde, von ihm geführt, zu einer Armee. Er übertraf an Einsicht und Voraussicht die Größten seiner Epoche.

Soll man von Juarez sprechen? – Er vertrieb zur Zeit Napoleons III. die neue, die französische Fremdherrschaft, die man seinem Volk aufgepfropft hatte. Er ließ den Kaiser Maximilian erschießen. Er verstand, die nationale Befreiung allein nützte den armen

Bauern noch wenig. Er trat unerbittlich und unbestechlich gegen die eigenen Großgrundbesitzer auf. Die armen Bauern bekamen durch seine Gesetze Land.

Ich will nichts von diesen Männern erzählen und auch nichts von anderen großen Männern, die später in Mexiko lebten. Obwohl sie, fast unbekannt in Europa, nicht nur dort zu den Größten der Großen gehören. Ich erzähle nichts von Juarez und nichts von Hidalgo und nichts von Morelos. Ich erzähle euch von *Crisanta.*

Sie war vielleicht sechzehn Jahre alt, als sie von Pachuca nach Mexiko-Stadt auf Arbeit fuhr. Sie kannte ihr Geburtsjahr nicht genau. Sie kannte nur ihren Geburtstag. Sie war nach Allerheiligen, ihrem Geburtstag, Santa getauft, weil niemand da war, der einen anderen Namen vorschlug. Crisanta gefiel ihr besser. Sie hatte keine Eltern. Sie wußte nur, daß die Mutter bei der Geburt gestorben war. Vom Vater wußte sie gar nichts.

Crisanta war aber besser dran als viele andere Mädchen ohne Vater und Mutter. Sie hatte, wie einen starken Ast, einen Menschen, an den sie sich halten konnte. Das war eine Frau namens Lupe González. Ihr Mann war Bergarbeiter in Pachuca, zwei Stunden von Mexiko-Stadt. Die González hatte selbst ein paar eigene Kinder. Die ältesten Söhne gingen auch schon ins Bergwerk. Sie war Crisantas Patin. Crisanta sprach oft von der González. Sie machte sich und anderen dabei klar, daß sie nicht allein stand im Leben. Die González hatte sie mit ihren Kindern aufgezogen. Sie war eine ruhige, schweigsame Frau. Warum Crisanta gerade in Pachuca geboren war, wußte die González selbst nicht genau, sonst hätte sie einmal etwas davon erzählt. Sie wußte auch nicht genau, warum sie das Kind in ihre Wohnung getragen hatte und in der Familie aufgezogen. Wahrscheinlich waren schon oft alle möglichen Kinder durch Zufall in ihrer Nähe hängengeblieben, die keinen Vater gehabt hatten, weil er tot war oder sich aus dem Staub gemacht hatte, und auch keine Mutter, durch den Tod oder sonst ein Unglück. Vielleicht war ihr dieses Kind besonders hungrig erschienen. Weil sie sich Tag und Nacht selbst um fünf Kinder zu plagen hatte, kam ihr die fremde Mutter besonders tot vor und das fremde Kind besonders lebendig.

Anna Seghers, «Crisanta», 1963

Diebe und Heilige

In Jalisco, wo er mehrere Male mit der Polizei in Berührung gekommen war, konnte sich Vicente Pliego nicht mehr halten, weil ein neuer Polizeidirektor eingesetzt worden war, der schnell und gründlich mit den kleinen Spitzbuben aufzuräumen begann. Mit den großen Spitzbuben war das nicht so leicht, weil sie teils Mitglieder der eigenen Familie des Polizeidirektors waren, und teils waren sie Diputados, die genügend Einfluß hatten, dem Polizeidirektor zur Absetzung zu verhelfen. Und weil Vicente Pliego mit den Großen nicht konkurrieren konnte, schob er sich für eine Zeit aus dem Licht und ging nach Mexico City, wo er noch unbekannt war.

Vicente Pliego war Mestize. Sein ordentlicher Beruf war Spitzbube. Er hatte nie einen anderen Beruf gehabt und hoffte, nie [...] einen anderen Beruf ergreifen zu müssen.

In Mexico City hielt er sich eine Zeitlang mit Taschendiebstählen über Wasser. Er war ein guter Katholik, und darum machte er seine besten Geschäfte innerhalb der Kirchen. Er kniete sich andächtig, mit vielen geschlagenen Kreuzen blendend, neben kniende und inbrünstig betende Frauen und stahl ihnen die Handtaschen leer. Den knienden Männern zog er die Börsen aus den hinteren Hosentaschen und erleichterte sie um ihre Uhren. Die Opferstöcke zu berauben, hielt er für unkatholisch und schamlos, weil es andere erfolgreich besorgten, die geschickter waren als er und ihm mit Dolchstößen gedroht hatten, falls er versuchen sollte, ihnen in das Geschäft, das sie als ihr Privileg betrachteten, hineinzumanschen.

Vicente hatte ein Mädchen kennen gelernt, und ihretwegen brauchte er eine größere Summe; denn sie machte Ansprüche auf elegante Kleider, goldene Ohrringe, Armbänder und was ein Mädchen sonst gern haben will.

In den Straßen von Mexico City. Links: Eine Gasse im Armenviertel (Tina Modotti). Rechts: Vor der Pulqueria (Casasola).

Durch einen Chauffeur hörte er von einer sehr wohlhabenden Familie, die in einer der elegantesten Avenidas wohnte; und er beschloß, sich bei dieser Familie die Summe, die er benötigte, zu verschaffen. Er besuchte seinen Freund, den Chauffeur, und hierbei sah er sich im Hause um mit der klugen Vorsicht, das Betriebsfeld zu studieren.

In Mexico City gibt es Kirchen, in denen sich bestimmte Heilige befinden, die in langer Erfahrung sich den Ruf erworben haben, Spitzbuben, Einbrechern, Straßenräubern und Raubmördern freundlich gesinnt zu sein und ihnen ihren göttlichen Schutz nicht zu versagen, vorausgesetzt, daß man sie genügend anbetet und ihnen Kerzen und andere, besonders gut klingende Opfergaben zu Füßen legt. Außerdem erwarten jene Heiligen, daß ihr Ruhm der Welt verkündet wird. Da der ungeweihte und der uneingeweihte Mensch keine Befugnis hat, solche Lobreden auf Heilige öffentlich oder gar in der Kirche zu halten, so ist der schlichte Gläubige genötigt, einen Brief zu schreiben und in dem Briefe dem Heiligen seinen Dank für die gewährte Hilfe auszusprechen, dabei zu erwähnen, welcher Art die Hilfe war, und dann diesen Brief offen, für jeden anderen Gläubigen sichtbar, dem Heiligen mit einer Stecknadel an die Kutte oder den Samtmantel anzupicken.

Vicente hatte in der Nähe des Marktes Merced eine Wahrsagerin angetroffen, der er fünfzig Centavos bezahlte, um von ihr zu erfahren, welcher Heilige ihm wohl für seine besonderen Geschäfte am günstigsten gesinnt sei. Die Wahrsagerin kannte ihren Mann sofort – warum wäre sie sonst Wahrsagerin? –, und sie gab ihm den Namen der Kirche und den Namen des Heiligen, der für seine speziellen Bedürfnisse in Frage käme, sagte ihm, in welcher Nische der Heilige zu finden sei, wie er aussehe und wieviel er für seine Mitwirkung erwarte.

Die Kirche befand sich nahe dem Barrio de la Bolsa, jenem Stadtviertel in Mexico City, das als das gefährlichste Räuber-, Mörder- und Spitzbubenviertel berüchtigt und verrufen ist. Es gilt als verwegener denn irgendein ähnliches Stadtviertel in New York, Chicago, San Francisco, London oder Paris. Fremde und Touristen, die nach Mexico City kommen, werden stets dringend gewarnt, jenes Stadtviertel weder bei Tage noch bei Nacht aufzusuchen, weil für ihr Geld und ihre Kleidung, einschließlich ihres Hemdes, gar nicht und für ihr Leben so gut wie nicht gebürgt werden kann. Hier pflegen die Mörder für politische und private Angelegenheiten gemietet zu werden. Hier werden, laut Polizeibericht, kleine Mädchen von sechs Jahren in den Pulquerias an den Meistbietenden versteigert und meist von ihren eigenen Eltern oder ihren nächsten Anverwandten. Und alle die Menschen, die hier leben, haben ihren Rosenkranz in der Tasche und ein von den Pfaffen geweihtes Amulett um den Hals hängen; und jeden Tag, ohne einen auszulassen, gehen sie wenigstens einmal für zehn Minuten in eine der Kirchen des Distrikts, um sich mit Weihwasser zu besprengen und ihre Kniebeugen vor der Gottesmutter und ihre Pflichtbekreuzigungen zu machen.

B. Traven, «Der Danksagebrief», 1957

Mexiko-Impressionen

Erinnerung an Mexiko

Rote, unberührte, mit edlem Blut getränkte Erde, eine Erde, auf der das Menschenleben keinen Preis hat, die jederzeit bereit ist, wie die unabsehbaren Agaven, in denen sie zum Ausdruck kommt, sich in einer Blüte aus Begehren und Gefahr zu verzehren. Wenigstens gibt es noch *ein* Land auf der Welt, in dem der Wind der Befreiung nicht abgeflaut ist. 1810 und 1910 hat sich dieser Wind gebieterisch mit dem Klang der grünen Orgeln erhoben, die dort unter dem gewittrigen Himmel aufragen: Eines der bedeutendsten Phantasmen Mexikos ist aus einer riesigen Kandelaberkaktee gemacht, hinter der sich, mit feurigem Blick und einem Gewehr in der Hand, ein Mann erhebt. Über dieses romantische Bild sollte man nicht rechten: Jahrhunderte der Unterdrückung und des unermeßlichen Elends haben ihm bei zweierlei Gelegenheiten eine offenkundige Realität verliehen, und nichts kann etwas daran ändern, daß sie latent fortdauert und daß der scheinbare Schlaf der wüstenhaften Weiten sie weiter in sich birgt. Der bewaffnete Mann in seinen großartigen Lumpen ist stets gegenwärtig, er kann jählings aus dem Unbewußten und dem Unglück hervorbrechen. Abermals wird er sich aus dem erstbesten Gestrüpp an der Straße lösen, er wird, angetrieben von einer unbekannten Kraft, den anderen vorangehen, zum ersten Mal wird er sich in ihnen erkennen. Man soll sich nicht an der Unbeweglichkeit stoßen, die sich am Ende solcher Abenteuer als das Ergebnis militärischer Hierarchie einzustellen pflegt: In Mexiko kann sich jedermann mit dem Titel General schmücken, wenn er in der Lage gewesen ist oder es noch ist, durch eigene Initiative eine gewisse Anzahl von Männern in Bewegung zu setzen, nachdem er sie in den ländlichen Gegenden zusammengesucht hat. Die erwähnten «Generäle», von denen die meisten in der rauhen Schule Emiliano Zapatas ausgebildet wurden und von denen einige an der Macht sind, haben nach wie vor, man muß es sagen, etwas von diesem wunderbaren Schwung an sich, der, es wird dreißig Jahre her sein, die «Peones» oder die indianischen Tagelöhner, den rigoros ausgeplünderten Teil der Bevölkerung, siegen ließ. Ich kenne nichts Aufregenderes als die photographischen Dokumente, die das Licht jener Epoche wiedergeben, so zum Beispiel die Ansicht eines der Lager der barfüßigen Aufständischen, die trotz der Unterschiede in Aufzug und Haltung die wilde Entschlossenheit des Blicks eint. Der große Elan mag erschöpft scheinen, die Dörfer, deren Einwohner von dem kärglichen Tausch von Piment gegen Töpferwaren leben, mögen aussehen, als hätten sie die Lider geschlossen, und selbst wenn hier wie anderswo die Korruption die Innenhöfe des Staatsapparats erobert hätte, so ist doch nicht weniger wahr, daß Mexiko von den Hoffnungen bebt, die, eine nach der anderen, in andere Länder gesetzt wurden – die UdSSR, Deutschland, China, Spanien – und die in der jüngsten Periode auf dramatische Weise vereitelt

Fortsetzung Seite 105

Chichén Itzá. «El Castillo» wird die Pyramide des Kukulcan genannt. Sie gilt mit ihren vier Treppen und neun Stufen als Abbild der Himmelsvorstellung der Tolteken.

Nächste Doppelseite: Uxmal, wahrscheinlich die älteste Maya-Stadt auf Yucatán. In der Bildmitte die 38 Meter hohe Wahrsagerpyramide, rechts ein Teil der fast 100 Meter langen Mauer des Gouverneurpalasts.

Chichén Itzá: der Tempel der Krieger, auch Tempel der tausend Säulen genannt.

Der Caracol von Chichén Itzá, ein runder Turm, der als Observatorium gedient hat.

Maya-Stadt Palenque. Blick auf den Mittelpunkt der Anlage, den «Palast».

Maya-Stadt Uxmal. Blick auf den Komplex des Nonnenklosters.

Chichén Itzá, Vorhalle des Kriegertempels.

Osarios, Beinhäuser auf mexikanischen Friedhöfen.

«Für den Indio hat der Tod nichts Schreckliches, er ist kein Jammertod, wenn es ihm die katholische Kirche auch immer wieder einzureden versucht. Für den Mexikaner ist der Tod ein Hinübergleiten, ein Vermähltwerden mit dem All.» (Hans Helfritz)

Nächste Doppelseite: Gauchos bei Veracruz

Trotz moderner Einkaufsmöglichkeiten prägen die Märkte in Mexiko noch immer das Alltagsleben. Der sehr kommunikativen Lebensform der Mexikaner entsprechend, ist es üblich, daß die Preise ausgehandelt werden.

Vor allem auf dem Land sind die Märkte auch ein Spiegel des sozialen Lebens der Indios. Der Verkauf landwirtschaftlicher und kunsthandwerklicher Produkte ist für sie zur Lebenssicherung unentbehrlich geworden.

Eine üppige tropische Vegetation gedeiht an der Atlantikküste bei Chetumal, die Buschwälder reichen bis an den Saum der Meeresbuchten.

Strand vor der Isla Mujeres, der «Naueninsel», dem östlichsten Punkt Mexikos.

Die Playa Calderitas am Atlantik, nahe der Grenzstadt Chetumal.

Fischerboote an der Atlantikküste, die durch Nordwinde oft regnerisch und kühl sein kann.

Vorherige Doppelseite: Auf der Isla Mujeres.

worden sind, von denen wir aber wissen, daß sie über die Mächte, an denen sie zerbrechen, schließlich obsiegen werden, daß sie untrennbar sind von den geheimsten und lebendigsten Regungen des Menschen, daß sie wiedererstehen werden, und sei es auf den Ruinen dieser Zivilisation.

Mit seinen Pyramiden aus mehreren Steinschichten, die sehr unterschiedlichen, sich gegenseitig überdeckenden und einander undeutlich durchdringenden Kulturen entsprechen, lädt uns Mexiko zu dieser Betrachtung über die Ziele der menschlichen Tätigkeit ein. Grabungen geben den Archäologen Gelegenheit, Vermutungen über die verschiedenen Rassen anzustellen, die auf diesem Boden aufeinander gefolgt sind und dabei ihren Waffen und ihren Göttern Geltung verschafft haben. Viele dieser Monumente aber verschwinden unter dichtem Gras und verschmelzen den Blick mit den Kurven der Berge. Die große Botschaft der Gräber, die sich auf unverdächtigen Wegen sehr viel leichter verbreitet, als sie sich enthüllt, lädt die Atmosphäre elektrisch auf. Mexiko, kaum aus seiner mythologischen Vergangenheit erwacht, wird sich weiter unter dem Schutz Xochipillis entfalten, des Gottes der Blumen und der Poesie, und Couatlicues, der Göttin der Erde und des gewaltsamen Todes, deren Bildnisse, an Leidenschaftlichkeit und Intensität alle anderen übertreffend, von einem Ende des Nationalmuseums zum anderen, über die Köpfe der Indio-Bauern, der häufigsten und andächtigsten Besucher, hinweg geflügelte Worte und rauhe Schreie miteinander wechseln. Diese Kraft, das Leben und den Tod miteinander zu versöhnen, ist ohne Zweifel der hervorstechende Reiz Mexikos. In dieser Hinsicht hält es einen unerschöpflichen Vorrat an Sensationen parat, von den angenehmsten bis zu den verfänglichsten.

André Breton, «Erinnerung an Mexiko», 1938

«Mexikanische Krankheit»

Mexiko ist dadurch so erstaunlich, daß man dort hautnah erlebt, was man aus Büchern und der Metaphysik entgegengesetzten philosophischen Konzeptionen weiß.

Man kommt zu der Vermutung, daß die Welt im Wiegenalter von eben der königlich-gleichgültigen Trägheit und gleichzeitigen schöpferischen Potenz gewesen sein muß wie diese Plateaus und Lagunen, Wüsten und Dickichte, Pyramiden, von denen man erwartet, daß sie jeden Augenblick als Vulkan eruptieren; Palmen, die in die blaue Himmelskuppel wachsen, Schildkröten, die nicht aus dem Mutterschoß flacher Buchten und Lagunen schwimmen, sondern aus der Tiefe des Ozeans und das Zentrum der Erde berührt haben.

Leute, die in Mexiko waren, begegnen einander wie Brüder.

Denn Leute, die in Mexiko waren, haben die «mexikanische Krankheit».

Etwas vom Garten Eden steht vor dem geistigen Auge derer, die irgendwann die mexikanischen Weiten gesehen haben. Und mit Hartnäckigkeit verfolgt einen der Gedanke, daß Eden durchaus nicht irgendwo zwischen Euphrat und Tigris gelegen hat, sondern natürlich irgendwo hier zwischen dem Golf von Mexiko und Tehuantepec!

Und nichts kann diesen Gedanken verdrängen: weder der Schmutz der Essenkessel, die von räudigen Hunden beleckt werden, die sich in der Nähe herumtreiben, noch die allgemeine Korruption, [weder] die entnervende Verantwortungslosigkeit schwerfälliger Trägheit noch die zum Himmel schreiende soziale Ungerechtigkeit, weder die zügellose Polizeiwillkür noch die mittelalterliche Rückständigkeit neben modernsten Formen sozialer Ausbeutung.

Sergej M. Eisenstein, «Yo – Ich selbst. Memoiren», 1984

Das Licht Mexikos

Mexiko mit seinem Feigenkaktus und der Schlange, blühendes, stachliges Mexiko, trocken und orkanreich, gewaltig in Entwurf und Farbe, gewaltig in Eruption und Kreation, Mexiko hüllte mich ein in seine Zauberei und sein überraschendes Licht.

Pablo Neruda zwischen den Malern David Alfaro Siqueiros (links) und Diego Rivera (rechts).

Ich habe es jahrelang durchwandert, von Markt zu Markt. Denn Mexiko lebt auf seinen Märkten. Es lebt nicht in den kehligen Liedern seiner Filme, nicht im bäurischen Kitsch von Schnauzbart und Pistole. Mexiko ist ein Land der karminroten und türkisschillernden Umhänge. Mexiko ist ein Land der Gefäße und Krüge und der von einem Insektenschwarm zerfressenen Früchte. Mexiko ist ein unendlich großes Feld von stahlblaufarbenen, gelbstachligen Agaven.

All das bieten die schönsten Märkte der Welt. Frucht und Wolle, Ton und Webstuhl beweisen den erstaunlichen Reichtum der fruchtbaren, ewigen mexikanischen Hände.

Ich habe Mexiko durchstreift, bin an all seinen Küsten entlang gewandert, an seinen hohen, von einem unaufhörlichen Leuchtblitz entzündeten Küsten. Seit Topolobampo in Sinaloa beuge ich mich diesen hemisphärischen Namen, herbe Namen, welche die Götter Mexiko zum Erbe hinterließen, als die Menschen auf ihrer Erde zu herrschen begannen, weniger grausam als die Götter. Ich bin durch all die Silben voller Geheimnis und Glanz, durch all die morgenroten Laute gezogen. Sonora und Yucatán, Anahuac, ragend wie ein erkaltetes Kohlenbecken, in dem alle wirren Gerüche zusammenkommen von Nayarit bis Michoacán, von wo aus man den Rauch der kleinen Insel Janitzio erkennt und den Agavenmaisgeruch, der von Jalisco aufsteigt und den Schwefeldunst des neuen Vulkans von Paricutín, der sich mit der duftenden Feuchtigkeit der Fische vom Pátzcuaro-See verbündet. Mexiko, letztes der magischen Länder, magisch durch Alter und Geschichte, magisch durch Musik und Geographie. Meinem Landstreicherweg folgend über diese vom ewigwährenden Blut gegeißelten, von einem breiten Faden aus Blut und Moos durchzogenen Steine, fühlte ich mich riesenhaft und greis, würdig, zwischen so viel uralter Schöpfung zu wandern. Von gewaltigen Felswänden eingedämmte tiefe Täler, dann und wann hohe, wie mit dem Messer durchschnittene Hügel, unermeßliche, von Holz und Schlangen, von Vögeln und Legenden wimmelnde Tropenwälder. In diesem weiten Gebiet, das bis zu seinen äußersten Grenzen bewohnt ist vom Kampf des

Menschen in der Zeit, in seinen großen Räumen, erkannte ich, daß wir, Chile und Mexiko, die Antipodenländer Amerikas sind. Diplomatisch-konventionelle Phrasen wie die des japanischen Botschafters, der Chiles Kirschbäume, des englischen, der unsere Küstennebel, des argentinischen oder deutschen, die unsere Schneeberge erwähnen, um uns einzureden, wir seien allen anderen Ländern ähnlich, sehr ähnlich, haben mich immer kalt gelassen. Gerade die landesbedingten Verschiedenheiten, die in allen Breitengraden ganz anders ausfallende irdische Frucht, gefallen mir. Ich setze Mexiko, das geliebte Land, in keiner Weise herab, wenn ich es unserem Meer- und Kornland als fernsten Pol gegenüberstelle, vielmehr hebe ich damit nur seine Unterschiede hervor, damit unser Amerika all seine Schichten, seine Höhen und Tiefen zeige. Es gibt in Amerika und vielleicht auf dem Planeten kein Land mit größerer menschlicher Tiefe als Mexiko und seine Bewohner. In seinen großen Lichtpunkten wie in seinen gigantischen Irrtümern ist dieselbe Verkettung von grandiosem Edelmut mit hoher Lebenskraft, unerschöpflicher Geschichte und unaufhörlichem Werden zu erkennen.

Pablo Neruda, «Ich bekenne, ich habe gelebt», 1974

Kunst

Zur Geschichte des Muralismo

Man hat viel über den Ursprung der zwischen 1921 und heute in Mexiko geschaffenen Wandmalerei diskutiert. In Wirklichkeit hat die Wandmalerei in Mexiko niemals aufgehört zu existieren, auch nicht in den schwersten und schlimmsten Zeiten unserer Geschichte. Es gab sie in allen historischen Epochen, die wir durch Zeugnisse belegen können, und diese umfassen immerhin einen Zeitraum von mehr als dreiundzwanzig Jahrhunderten.

Schon vor 1921 hatten verschiedene mexikanische Künstler, darunter auch ich, die feste Absicht, Wandbilder zu schaffen. Wir hatten sogar schon die Gebäude ausgesucht, an denen sie angebracht werden konnten. Seit meinem Aufenthalt in Mexiko von 1910 bis 1911 hatte ich stundenlang die Mauern des monumentalen Treppenhauses im Hof des National-Palastes betrachtet, schon damals mit dem Wunsch, hier einmal zu malen. Ich erzählte meinem ehemaligen Lehrer Félix Parra von diesem Plan. Wir sahen uns gemeinsam noch einmal die Wände an, und ich erklärte ihm im Detail, was ich malen wollte. Und trotzdem sollte ich hier meine Tätigkeit als Wandmaler nicht beginnen, sondern abschließen, denn seit fünfundzwanzig Jahren arbeite ich nun schon an der Bilderfolge im National-Palast. Es fehlen nur noch fünf Jahre, und ich bin in diesem Gebäude genauso lange beschäftigt wie einst Porfirio Díaz.

Ich begann meine Arbeit in der Aula der Escuela Preparatoria. Im Jahre 1909 hatte der Architekt Chávez Doktor Atl mit der künstlerischen Ausgestaltung dieses Gebäudes beauftragt. Statt nun diesen Auftrag an sich zu reißen und die Arbeiten allein auszuführen, berief Atl mit der ihm eigenen Großzügigkeit eine Gruppe von jungen Malern, um mit ihnen gemeinsam das Projekt zu realisieren. Nichts kann besser die uneigennützige Rolle von Atl charakterisieren als diese Geste. Nach dem revolutionären Umschwung wurde Atl Direktor der Zeitung «La Vanguardia». An diesem Blatt arbeiteten Orozco, Siqueiros, die Brüder Beteta, Bulmaro Gómez und andere Künstler mit. Dem einmal gewählten Weg konsequent folgend, wurden Nacho Beteta und Bulmaro Soldaten und später Divisionsgeneräle. Ramón Beteta wurde hoher Finanzbeamter und Siqueiros Oberst. Während seiner Mitarbeit an der Zeitung malte Orozco ein Wandbild in der kürzlich abgerissenen Kirche San Juan de Ulúa. Miguel Alemán [Mexikanischer Präsident 1946–1952] begann seine politische Laufbahn als barfüßiger Verkäufer dieser Zeitung. Allem Anschein nach verhalfen ihm seine flinken Beine dazu, den Gipfel der Geschichte zu erklimmen. Neben den seit 1908 von Saturnino Herrán in der Escuela de Artes y Oficios und den von Atl in der Escuela de Bellas Artes geschaffenen Bildern entstanden auch in den Kirchen Wand-

Diego Rivera: «Sonntagsträumerei in der Alameda» (1947/48). Rivera hat auch sich, Frida Kahlo und Posada (Dreiergruppe links neben der Dame mit dem Totenkopf) im Bild dargestellt.

gemälde. Zehn Jahre zuvor hatte Monroy unter dem Thema «Die vier starken Frauen der Heiligen Schrift» Fresken in bewundernswerter Technik in der Kuppel der Kirche von Tenancingo gemalt. Sein Gehilfe war Ramón Alba Guadarrama, der auch mir später zur Seite stand. Er lehrte mich und die anderen Künstler die Technik der mexikanischen Freskenmalerei, und wir verdanken ihm mehr als Xavier Guerrero. Seine Technik führte bei unseren Bildern immer zu starken Abschälungen, und nur von ihm selbst wurde sie wirklich mit Erfolg angewendet.

Daneben existierte in Mexiko die volkstümliche Wandmalerei, die heute leider völlig untergegangen ist, obwohl sie an Schönheit unseren Arbeiten nicht nachstand. Diese Künstler malten ihre Bilder in Speisewirtschaften, Kneipen, in den Fluren der Arbeiterhäuser, den Dielen der Haciendas und in Provinzherrenhäusern. Einzig in den Köpfen jener Leute, welche als Malerei lediglich die Produkte ansehen, die von akademisch ausgebildeten Künstlern angefertigt wurden, konnte sich die Meinung festsetzen, daß in der mexikanischen Wandmalerei eine längere Unterbrechung eingetreten sei. Und nicht einmal wenn man diesen Vorbehalt akzeptierte, wäre die Behauptung gerechtfertigt, denn im neunzehnten Jahrhundert wurden Wandbilder geschaffen, die innerhalb der offiziösen Malerei von großer Bedeutung waren, so zum Beispiel das allegorische Fresko von Tomás Cordero, das sich viele Jahre im Treppenhaus der Escuela Preparatoria befand und erst bei der Feier des hundertsten Jahrestages der Unabhängigkeit entfernt wurde. Man ersetzte dieses Bild durch ein widerliches und wirklich schändliches Machwerk, das aus den Werkstätten des Italieners Pellandini stammt, der das illustre Herrscherhaus von Don Porfirio Díaz, seinen gesamten Klüngel bis hinab zu der armen Verwandtschaft, mit Farbdrucken und scheußlichen Gemälden versorgt hatte.

Diego Rivera,
«Diego Rivera – Bekenntnisse», 1966

Die Malerin Frida Kahlo. Links: Photographisches Porträt. Rechts: «Selbstporträt mit Blumen» (1940).

Dorthin [nach Mexiko] gingen mir alle Kinderaugen Europas, zu denen damals auch meine gehörten, mit tausend behexenden Feuern voraus. Ich sah mit demselben Blick, mit dem ich in imaginären Gegenden schweife, die gewaltige Sierra, die sich mit der Geschwindigkeit eines galoppierenden Pferdes ausbreitet und ihre Segel am Rand der lichten Palmenpflanzungen entfaltet, ich sah die feudalen Haziendas brennen im Duft der Haare und des chinesischen Jasmins einer südlichen Nacht. Höher und mächtiger als irgendwo anders zeichnete sich unter dem schweren Schmuck ihres großen Filzhutes in Metall und Leder die charakteristische Silhouette des Abenteurers ab, des Bruders der Dichter. Und doch ließen mich die Bilderfetzen, die aus dem Schatz der Kindheit auftauchten, wie groß auch ihre Zauberkraft war, manche Lücke empfinden. Ich hatte nicht die unwandelbaren Gesänge der zapotekischen Musiker gehört. Auch blieben meine Augen verschlossen vor der großen Noblesse und der großen Trauer des indianischen Volkes, wie es auf dem Marktplatz unbeweglich in der Sonne ausharrt. Ich hatte nicht geahnt, daß sich die Welt der Früchte zu einer solchen Schönheit entfalten kann wie in der Pitahaya, deren Pulpe die Farbe und das Entrollen von Rosenblättern hat, die Pitahaya mit dem bleichroten Fleisch und dem Geschmack von Küssen und Liebesverlangen. Ich hatte noch nie einen Klumpen dieser roten Erde in Händen gehalten, der die Statuetten von Colima wunderbar geschminkt entstiegen, die etwas von einer Frau und etwas von einer Heuschrecke an sich haben. Und schließlich war mir nicht erschienen, was diesen Statuen ganz ähnlich ist in der Haltung und auch im Schmuck, wie eine Prinzessin aus dem Märchen, mit Zauberkräften an den Spitzen der Finger, im Lichtstrahl des Vogels Quetzal, der auf dem Stein, wenn er davonfliegt, Opale zurückläßt, es war mir nicht erschienen Frida Kahlo Rivera.

André Breton,
«Frida Kahlo Rivera», 1965

Das Reiseland Mexiko

(Entnommen dem Polyglott-Reiseführer Nr. 773 «Mexiko», 1989/1990)

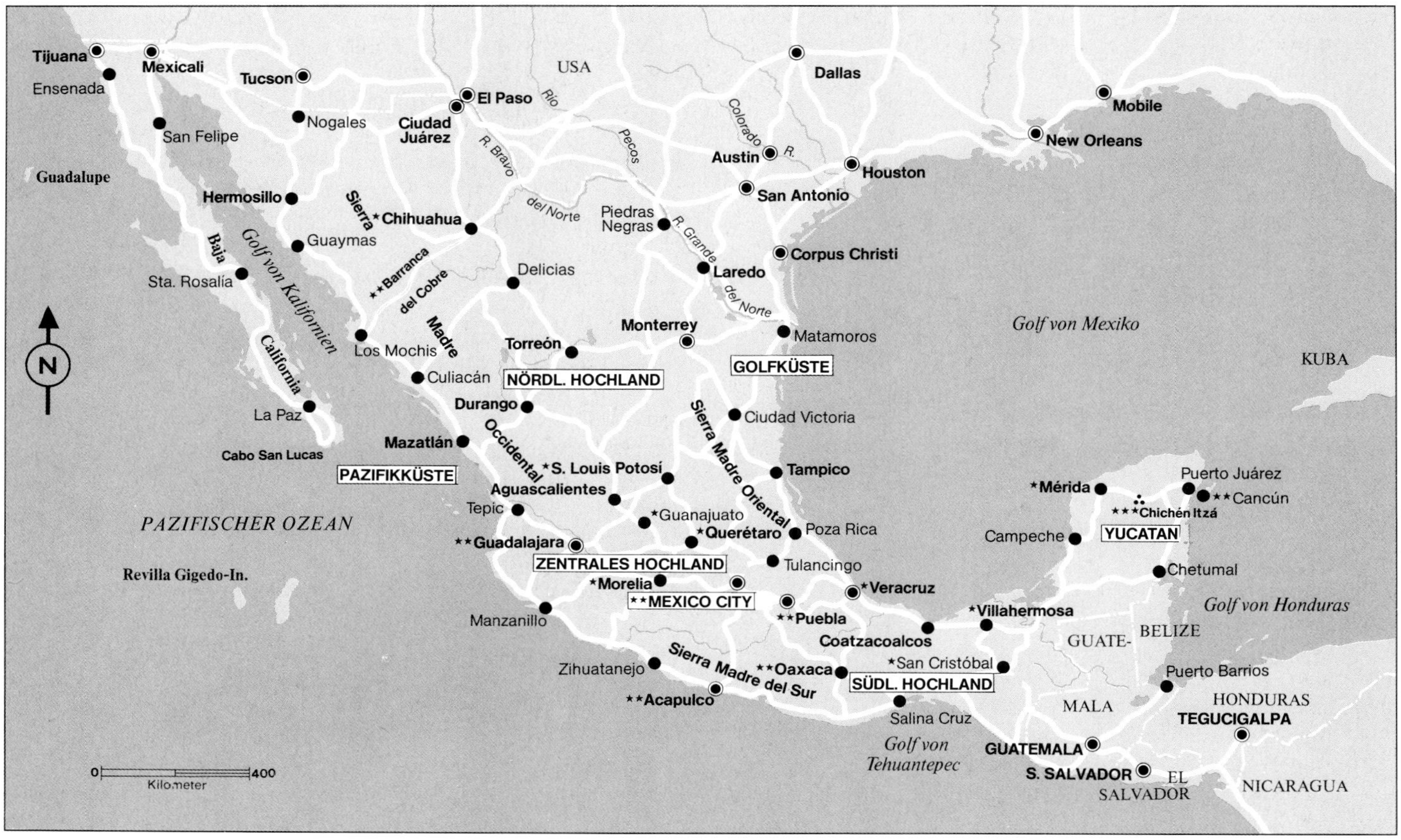

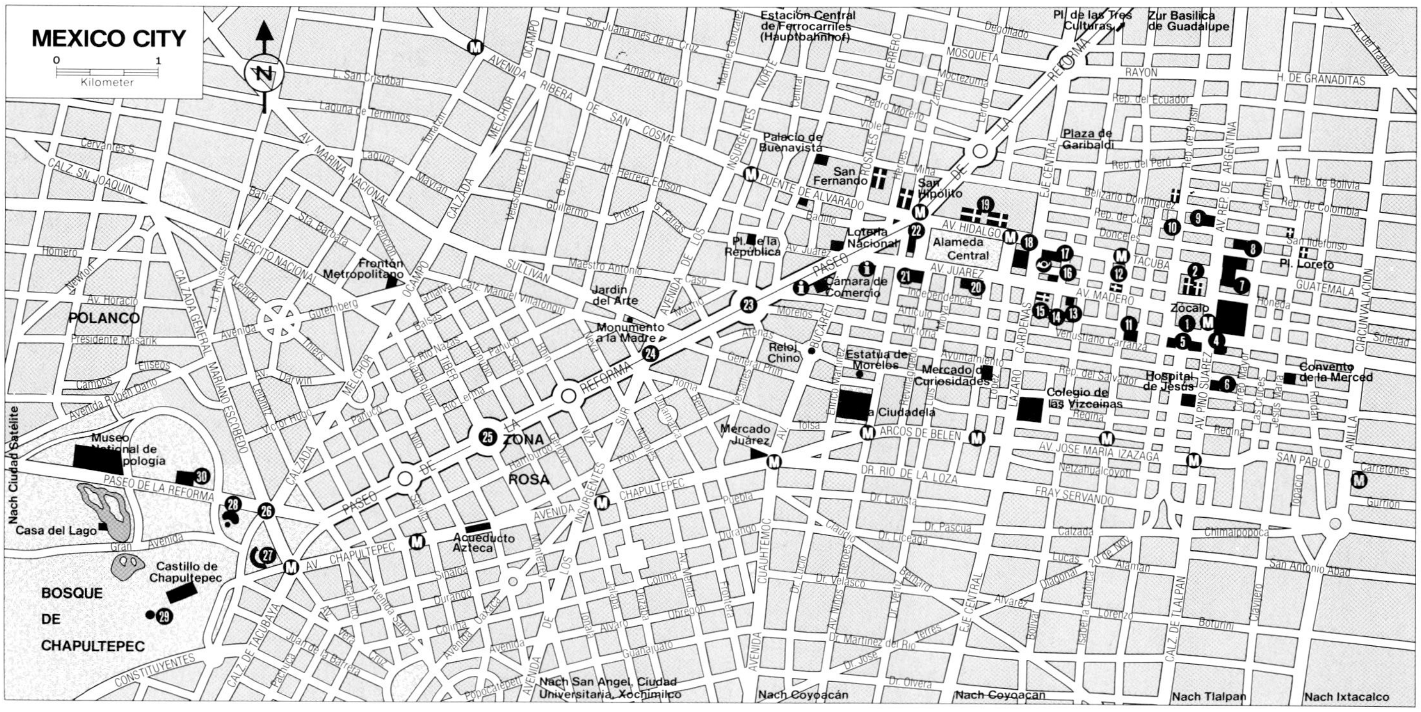

Mexico City

Mexico City, amtlich Ciudad de México, ist mit etwa neunzehn Millionen Einwohnern die größte Stadt des Landes und eine der höchstgelegenen Hauptstädte der Erde (2240 m). Noch im ersten Drittel unseres Jahrhunderts wurde die Pracht dieser Metropole verglichen mit Paris, London oder Rom. Seit etwa fünfzig Jahren jedoch – und ein Ende ist nicht abzusehen – wächst Mexikos kulturelles, politisches und wirtschaftliches Zentrum ins uferlose, frißt sich förmlich die Hänge des Hochtals von Anáhuac hinauf, zerstören Industrie und Verkehr den alten Glanz. Die Dunstglocke, die fast ständig über dem riesigen Ballungsraum liegt, gibt nur an wenigen Tagen den Blick auf die großartigen Fünftausender im Osten frei und macht vor allem den Bewohnern gesundheitlich zu schaffen. Den Reisenden aber werden in erster Linie die Vielfalt und Fülle der präkolumbischen und kolonialen Baudenkmäler sowie die reizvolle Mischung aus indianisch-bäuerlicher und städtischer Lebensweise in ihren Bann ziehen. Das schwere Erdbeben vom 19./20. September 1985 richtete in der Innenstadt verheerende Schäden an; mehrere tausend Menschen fanden den Tod.

Geschichte

Um 1325 kam in das seit Jahrtausenden besiedelte Hochtal der kriegerische Stamm der Azteken. Sie folgten priesterlicher Vorhersage auf der Suche nach einem Ort zur Gründung ihres neuen Reichs. Inmitten des großen Texcocosees, von dem heute nur noch Reste vorhanden sind, sahen sie das ihnen bestimmte Zeichen – einen Adler mit einer Schlange im Schnabel auf einem Kaktus sitzend – und gründeten ihre Hauptstadt Tenochtitlán (sprich Tenotschtitlán) auf seinen Inseln. Knapp zweihundert Jahre später, am 8. November 1519, erschien der spanische Eroberer Hernán Cortés mit etwa dreihundert spanischen Soldaten – Zehntausende von Kriegern des den Azteken tributpflichtigen und feindlichen Stammes der Tlaxcalteken im Hintergrund – am Seeufer. Vor ihm lag eine stolze Stadt mit Straßen und Kanälen, Palästen, Marktplätzen und Wasserleitungen und mit einer Bevölkerung von, wie es heißt, «400 000 oder mehr Seelen». Kaiser Moctezuma II. hielt Cortés für den aus dem Osten heimkehrenden Priestergott Quetzalcóatl und ließ ihn feierlich als seinen Gast in die Stadt einziehen. 1520 fiel Moctezuma durch seine eigenen Leute.

Am 13. August 1521 endete das stolze Aztekenreich auf den Ruinen von Tenochtitlán. Die Spanier begannen sofort mit dem Aufbau einer neuen Hauptstadt für das Vizekönigreich Neu-Spanien. Die Stadt sah 62 spanische Vizekönige, bis sie 1821 von dem revolutionären General Agustín de Iturbide besetzt wurde. 1847 erschienen amerikanische Truppen und 1863 bis 1867 die französische Interventionsarmee in der Stadt. 1864 zog Erzherzog Maximilian von Habsburg als Kaiser von Mexiko mit seiner Gemahlin Charlotte auf Schloß Chapultepec ein. Seit 1867 ist Mexico City wieder Sitz der mexikanischen Staatspräsidenten.

Sehenswürdigkeiten

Innenstadt (Zócalo und Umgebung). Selbst in diesem relativ kleinen Teil der Stadt, für dessen bauliche Pflege große Mittel eingesetzt werden, ist es ratsam, sich zuerst einer organisierten Rundfahrt anzuschließen und dann einzelne Punkte nochmals – ideal am Sonntagvormittag – aufzusuchen. – Die
Plaza de la Constitución (Platz der Verfassung) [1], der Hauptplatz von Mexico City, wird allgemein Zócalo genannt. Auf dem zerstörten «Großen Platz» von Tenochtitlán errichtet, war und ist er der Schauplatz des nationalen Lebens, aller Festlichkeiten und Aufmärsche. Alle umliegenden Gebäude wurden auf den Grundmauern oder mit dem Material aztekischer Paläste und Tempel erbaut. Der Zócalo wird beherrscht von der
Catedral Metropolitana (Kathedrale), der größten Kirche des Kontinents, ab 1537 auf Dekret Philipps II. errichtet. Sie ist aus grauem Sandstein und weißem Marmor dreischiffig erbaut und enthält zahlreiche in unvorstellbarem Wert vergoldete Altäre, unter anderem den Altar de los Reyes (Altar der Könige) und den herrlichen Altar del Perdón (Gnadenaltar), ferner kostbare Wandteppiche und Gemälde, Schnitzereien, Skulpturen und reichverzierte Kanzeln. An die Kathedrale grenzt das
Sagrario Metropolitano (Erzbischöfliches Sakramentshäuschen), errichtet Mitte des 18. Jahrhunderts in rötlichem Vulkangestein (Tezontle); die churriguereske Fassade zählt zu den schönsten der Stadt. Das ausgewogen proportionierte Innere wurde um 1830, mehrerer Brände wegen, neuklassisch restauriert (Manuel Tolsá).

Die ganze Ostseite des Zócalo wird von dem rund 235 Meter langen
Palacio Nacional (Nationalpalast) [3] eingenommen. Cortés ließ ihn 1529 auf den Trümmern des aztekischen Palastes von Moctezuma als neue Residenz (später die der Vizekönige) erbauen. Über dem Balkon in der Mitte hängt die «Freiheitsglocke», die zur Erinnerung an den Beginn des Freiheitskampfes im Jahr 1810 alljährlich am 15. September vom Präsidenten der Republik geläutet wird. Diego Rivera schuf die großartigen Fresken im Treppenhaus, das Thema: eine Synopse der mexikanischen Geschichte seit der spanischen Eroberung.

Der 1941 vollendete *Justizpalast* (Suprema Corte de Justicia) [4] an der Südostecke des Zócalo schließlich enthält berühmte Fresken von J. C. Orozco. Die *Palacios de Ayuntamiento* [5] sind der Sitz der Stadtverwaltung.

Weitere Sehenswürdigkeiten nahe dem Zócalo: Wenige Schritte nach Süden, Avenida Pino Suárez 30, das sehenswerte
Museo de la Ciudad de México (Stadtmuseum) [6]. Es stellt in hervorragender Weise die politische und bauliche Geschichte der Azteken wie der heutigen Hauptstadt dar; großes Stadtmodell.

Schräg gegenüber das *Hospital de Jesús Nazareno*, das älteste seiner Art in Lateinamerika. In der angeschlossenen Kirche ein Wandbild Orozcos mit dem Titel «Die Apokalypse», im Presbyterium rechts neben dem Hauptaltar das *Grabmal* des Eroberers Hernán Cortés.

Ausgrabungen, die durch den Bau der Metro 1978 ins Rollen kamen, haben an der Nordostseite des Zócalo die Fundamente des «Großen Tempels» der Azteken (Teocalli) ans Licht gebracht. Die eindrucksvolle «Zona arqueológica historica del Templo Mayor» [7] kann über Laufstege besichtigt werden. Eine Auswahl der rund siebentausend Fundstücke, darunter der Riesenmonolith der Mondgöttin Coyolxauhqui, ist in einem Museum ausgestellt.

Unweit, Calle San Ildefonso 43, steht ein 1749 in reinem Barock erbautes Gebäude, die ehemalige
Escuela Nacional Preparatoria [8], heute Sitz von Universitätsbüros. Es enthält eine große Sammlung moderner Kunst, auch Orozco-Fresken, sowie ein von indianischen Künstlern geschnitztes Chorgestühl. Im dazugehörigen Amphitheater sind weitere Fresken von Diego Rivera und Fernando Leal zu sehen. – Schräg gegenüber, Calle Argentina, liegt das moderne Gebäude der
Secretaría de Educación Pública (Erziehungsministerium) [9], in dem Diego-Rivera-Fresken den Kampf der Indios um Freiheit darstellen.

Einen Block westlich von hier liegt die
Plaza Santo Domingo [10], wochentags das «Büro» der mietbaren Briefeschreiber, die unter den Arkaden geschäftig auf ihren Schreibmaschinen klappern. Die 1736 erbaute Kirche Santo Domingo zeigt außen unvermischten Barockstil, innen churriguereske Altäre.

Die elegante Geschäftsstraße Avenida Francisco Madero (benannt nach dem Revolutionär von 1910 und späteren Präsidenten) verbindet Zócalo und Alameda-Park; wie die Perlen einer Schnur reihen sich hier die Sehenswürdigkeiten aneinander.

Die 1720 erbaute Jesuitenkirche *La Profesa* (Gelöbniskirche) [12] war ihrer hochbarocken Fassade und kostbaren Innenausstattung wegen eine der schönsten Kirchen der Stadt (Restaurierung nach Brand). Im *Palacio de Iturbide* [13] residiert heute nach den Grafen von Montcada und Kaiser Iturbide (1822) die Finanzmacht der Mexikanischen Nationalbank (kunstvolle Fassade des 18. Jahrhunderts). Etwas von der Straße zurückversetzt liegt der Eingang zur kleinen, schon 1524 von Cortés gestifteten *Iglesia San Francisco* [14], deren Kloster einst die Zentrale der Franziskaner in Mexiko war. Ihr Portal ist ein Musterbeispiel des churrigueresken Barockstils.

Unübersehbar steht an der Ecke Avenidas Madero/Lázaro Cárdenas der

Torre Latino-Americana (Lateinamerikaturm) [15], mit 43 Stockwerken eines der höchsten Bauwerke Lateinamerikas. Vom eleganten Restaurant «Muralto» im 41. oder von der Aussichtsplattform im 42. Stock bietet sich abends, besonders an Wochenenden und zu Festzeiten, ein märchenhafter Blick über die beleuchtete Stadt. Schräg gegenüber die

Casa de los Azulejos (Haus der Kacheln) [16], eines der schönsten Kolonialhäuser, 1596 im spanisch-maurischen Stil erbaut und mit blau-weiß-gelben Puebla-Kacheln verkleidet.

Geht man durch die Calle Condesa, stößt man rechter Hand (Ecke C. Tacuba) auf das Gebäude der heutigen Bergbauingenieurschule, den

Palacio de Minería [17]. Er ist ein Meisterwerk des berühmten Architekten Manuel Tolsá, der ihn um 1813 schuf, und dessen ebenfalls meisterhafte Reiterstatue von Karl IV., genannt «El Caballito» (Das Pferdchen), davor einen angemessenen Platz fand. – Gegenüber wurde im ehemaligen

Palacio de Comunicaciones (Telegrafenamt, Calle Tacuba 8) [18] das Museo Nacional de Arte eingerichtet. Die Sammlung umfaßt Werke der mexikanischen Kunst von ihren Ursprüngen bis 1950. – Bei der Gestaltung der

Hauptpost (Corréo Mayor, Ecke Lázaro Cárdenas) orientierte sich der Architekt Adamo Boari 1902 bis 1907 noch am Stil der Renaissance. Schalterhalle und Treppenaufgang schmücken Filigrangitter aus Florenz (Verkaufsbüro für Philatelisten; Münz- und Postmuseum). – Der

Palacio de Bellas Artes (Palast der schönen Künste) [19], der 1901 bis 1934 ebenfalls nach Plänen Boaris in weißem Carraramarmor erbaut wurde, ist durch sein Gewicht etwa fünf Meter in den sumpfigen Untergrund der Stadt abgesunken. Opern, Ballett, Konzerte, Theater und das berühmte «Ballet Folklórico» kommen in dem großen Saal (1900 Plätze) zur Aufführung, der wegen seines farbigen Glasmosaik-Bühnenvorhangs vom New Yorker Juwelierhaus Tiffany berühmt ist. Der repräsentative Jugendstil-Musentempel birgt ferner eine Sammlung sehenswerter Werke mexikanischer Maler des späten 19. und frühen 20. Jahrhunderts und im Treppenhaus einige der besten Fresken der vier großen Muralisten Orozco, Rivera, Siqueiros und Tamayo (Di–So 10.30–18.30 Uhr).

An der Plaza Morelos (Avenida Hidalgo) stehen sich die beiden Barockkirchen *San Juan de Dios* und *Santa Veracruz* [20] gegenüber. Nur wenige Schritte sind es nun bis zum idyllischen

Alameda-Park mit seinen Jugendstil-Statuetten und buntgekachelten Springbrunnen. Bereits 1592 angelegt, war er zur Zeit der Inquisition grausame Richtstätte. Das 1910 zur Hundertjahrfeier des Parks errichtete halbkreisförmige Marmordenkmal ist dem einzigen Indianerpräsidenten von Mexiko, Benito Juárez (1806–1872), gewidmet.

Gegenüber, Avenida Juárez 44, bietet das *Museo de Artes y Industrias Populares* [21] in der umgebauten Corpus-Christi-Kirche einen repräsentativen Querschnitt mexikanischer Volkskunst mit Verkaufsausstellung.

Im schön restaurierten Franziskanerkloster San Diego am Westende des Alameda-Parks befindet sich die

Pinacoteca Virreinal [22]. Die hervorragende Ausstellung mexikanischer, meist religiöser Malerei des 16. bis 18. Jahrhunderts geht auf die «Gemäldesammlung der Vizekönige» (Virreyes) zurück.

Paseo de la Reforma – Chapultepec

Der Paseo de la Reforma, kurz Reforma genannt, die ostwestliche Hauptverkehrsader und Prachtstraße der Metropole, mit acht Fahrbahnen, Grünstreifen und breiten Fußgängeranlagen, zieht sich sechs Kilometer durch die Innenstadt bis zum Beginn des Chapultepec-Parks und weitere neun Kilometer durch diesen und das Villenviertel Las Lomas («Die Hügel») bis zur westlichen Stadtgrenze.

Die Glorietas genannten Plätze sind zum Teil mit auffallenden Denkmälern geschmückt, so dem *Monumento a Colón* [23], Denkmal für Christoph Kolumbus (1451–1506), den bekanntesten Entdecker Amerikas. Nicht weit davon das *Monumento a Cuauhtémoc* [24], zur Erinnerung an den letzten Aztekenkaiser, auf der Kreuzung mit der anderen, nordsüdlich verlaufenden Hauptverkehrsader, der sechsundzwanzig Kilometer langen Avenida Insurgentes («Allee der Rebellen»). – Alle überragt das

Monumento a la Independencia (Unabhängigkeitsdenkmal) [25], von den Stadtbürgern El Angel («Der Engel») genannt, da ein vergoldeter Siegesengel die etwa fünfzig Meter hohe allegoriengeschmückte Säule krönt. Sie steht im Zentrum der Zona Rosa, die die Straßen M. Ocampo, Villalongín, Insurgentes Sur und Chapultepec umgrenzen. Hier drängen sich luxuriöse Hotels, exklusive Restaurants, Nachtklubs und Geschäfte, deren Angebot und Preisniveau auf die gehobenen Bevölkerungsschichten und Touristen abgestimmt sind.

An der Kreuzung Reforma – Calzada Melchor Ocampo steht ein *Denkmal* [26] für den Befreier Südamerikas, Simón Bolívar (1783–1830). Im Straßenzwickel nördlich davon der Diana-Brunnen.

Bosque de Chapultepec. Der älteste Teil des Parks erstreckt sich rund zweieinhalb Kilometer entlang der Reforma und ist etwa anderthalb Kilometer breit. In ihm lustwandelten schon die Aztekenfürsten, und Moctezuma II. baute sich seine Sommerresidenz auf dem siebzig Meter hohen «Heuschreckenhügel» (aztekisch Chapultepec).

Sonntags ist der Park mit seinen Seen voller Ruderboote, seinen Konzerten, seinem Zoo und Botanischen Garten, den Wasserspielen an der Fuente de Nezahualcóyotl und dem mit Fresken von Diego Rivera geschmückten Wasserreservoir das Ziel unzähliger Stadtbewohner. Hier kann der Besucher mexikanischen Lebensstil sehen.

Der Park birgt zudem eine Reihe von interessanten Museen und Bauwerken. Nahe dem Eingang das halbkreisförmige, sechssäulige *Monumento a los Niños Héroes* (Denkmal für die jugendlichen Helden) [27] für die Kadetten, die es 1847 bei der Erstürmung des Hügels durch die amerikanischen Truppen vorgezogen haben sollen, sich hinunterzustürzen, statt sich zu ergeben. Wenige Schritte weiter erhebt sich der moderne Glasbau des

Museo Nacional de Arte Moderno [28], das 1964 von P. R. Vázquez errichtet wurde. Während im kleineren Rundbau temporäre Ausstellungen abgehalten werden, findet man im großen eine Dauerausstellung moderner mexikanischer Kunst. Auf dem Hügel liegt das

Castillo de Chapultepec, das man zu Fuß oder mit einem Fahrstuhl kurz hinter dem Gittertor erreichen kann. Das Gebäude wurde 1783 erbaut und 1865 von Kaiser Maximilian und seiner Gemahlin Charlotte von Belgien zu seiner heutigen Gestalt umgebaut. Die Wohn- und Repräsentationsräume sind erhalten.

Ferner birgt das Schloß das Museo Nacional de Historia mit Gemälden, Dokumenten und Gegenständen aus der Benito-Juárez- und Maximilian-Epoche sowie aus der Revolution des Jahres 1910. Je ein Raum ist gänzlich von D. A. Siqueiros und Juan O'Gorman ausgemalt. Der Blick von der Schloßterrasse auf die Hauptstadt ist ebenso schön wie unvergeßlich. Knapp unterhalb des Schlosses befindet sich die *Galería de Historia* [29], in der Dioramen die mexikanische Geschichte vom Unabhängigkeitskampf (1810) bis zur Revolution (1910–1927) zeigen.

Museo Nacional de Antropología. 1964 wurde das Museum für Anthropologie (Archäologie und Ethnographie) eröffnet. Der Bau

Mexico City, Zócalo mit Regierungspalast.

selbst (Entwurf der Architektengruppe P. R. Vázquez) und die Konzeption der Ausstellungen machen es zu einem der schönsten Museen der Welt. Fotografieren ohne Blitz und Stativ erlaubt; Tonbildschau (in spanisch) im Souterrain der Eingangshalle; gute Auswahl an Publikationen; Führungen; Restaurant.

Die Sammlungen gehen auf Fundstücke aztekischer Steinskulpturen zurück, die bei Bauarbeiten im Zentrum der Stadt ans Licht kamen. 1825 entstand eine erste Sammlung; 1865 erließ Kaiser Maximilian ein Dekret, um ein neues Museum zu schaffen, doch aus Platzgründen blieben die Objekte verstreut in verschiedenen Depots. Erst der Museumsneubau schuf den entsprechenden Rahmen. Der Rundgang führt jeweils gegen den Uhrzeigersinn durch die Räume der archäologischen Sammlung im Erdgeschoß sowie der völkerkundlichen im ersten Stock.

Erdgeschoß:
Der erste Saal (1) gibt als Einführung in die Anthropologie einen Überblick über die Menschenrassen der Erde, um darin die Entwicklung der amerikanischen Völker einzuordnen.

Den alten Lebensraum Mesoamerika und dessen Zentrum Mexiko hat der folgende Saal (2) zum Thema. Gefäße, Schmuckstücke, Steinwerkzeuge, das Zahlensystem der Azteken und die verschiedenen Pyramidenformen dokumentieren die kulturelle Entwicklung.

Im Saal der Ursprünge (3) belegen Tierfossilien und der Fund eines Mammutskeletts mit Steinwaffen die Jagd im 10. Jahrtausend v. Chr.; auch der Beginn des Ackerbaus mit Mais und Bohnen um 5000 v. Chr. wird durch Funde und Schautafeln dargestellt.

Als nächstes (4) werden die Vorklassische Periode von etwa 1800 bis 200 v. Chr. und die Siedlungen des Hochtals, zu denen auch die um 1100 v. Chr. datierte Pyramide von Cuicuilco (siehe Seite 114) gehört, vorgestellt. Bedeutendste Schaustücke sind die «Akrobaten-Vase» und Tonfiguren aus Tlatilca (am Stadtrand von Mexico City).

Teotihuacán (5). Sehenswert ist hier die Kopie eines Wandgemäldes, das die lustigen Bewohner des «Paradieses von Tlaloc» darstellt; außerdem die Teilrekonstruktion des Quetzalcóatl-Tempels in der ursprünglichen Bemalung.

Den Tolteken-Saal (6) beherrscht eine mächtige Atlanten-Säule des Tempels von Tula. Ein mit Perlmutt belegter Jaguarkopf mit einer Menschenmaske im Rachen gehört zu den interessantesten Kunstwerken des Museums.

Der zentrale Mexica-Saal (7) ist der größte und mit über hundert Exponaten auch der reichhaltigste des Museums. Den repräsentativen Ehrenplatz in der Mitte des Saales nimmt der berühmte Kalender- oder Sonnenstein der Azteken ein. Der 24 Tonnen schwere Basaltmonolith mit einem Durchmesser von 3,35 Metern stammt aus der letzten Phase der aztekischen Hochkultur und wurde vermutlich im Jahr 1479 eingeweiht. Heute gilt sein überall verbreitetes Emblem als Wahrzeichen des ganzen Landes.

Der Oaxaca-Saal (8) umfaßt die Kulturen der Zapoteken und Mixteken mit den Zentren Monte Albán und Mitla. Repliken der frühen Steinbilder der «Danzantes» (Tanzenden) von Monte Albán lassen die ersten, einfachen Ursprünge der Steinbearbeitung erkennen. Der Grabbau Nr. 7 ist im Freigelände als Nachbildung zu sehen, das Grab 104 im Kellergeschoß.

Kulturen der atlantischen Golfküste (9). Es geht hier vor allem um die Zentren der Olmeken (La Venta), die als Keimzellen der mesoamerikanischen Hochkulturen angesehen werden. Einer der riesigen Steinköpfe steht im Freigelände. Ein Modell der Nischenpyramide von El Tajin sowie Figurinen, Statuen und Stelen repräsentieren die späteren Kulturen der Huaxteken und Totonaken.

Der Maya-Saal (10) mit seinem Freigelände und Untergeschoß ist besonders sehenswert. Karten, Modelle und Bilder informieren über die Zentren der Mayakultur, von denen Palenque die klassische Periode (ca. 600–900 n. Chr.) in Mexiko repräsentiert. Die 1952

in der Basis des Tempels der Inschriften (Palenque) entdeckte Grabkammer wurde für das Museum so rekonstruiert, daß man ihre Einzelheiten besser als im Original studieren kann. Im Freigelände eine Rekonstruktion des Tempels von Bonampak.

Den alten Kulturen des Westens und Nordens ist der letzte Saal (11) dieses Rundgangs gewidmet. Kopien von Felszeichnungen, Jagdwaffen, Steinwerkzeuge, Korbwaren, Keramikgefäße und eine Dokumentation der einzelnen Stämme informieren über die Besiedlung dieses weiten, überwiegend von sehr trockenem Klima gezeichneten Gebiets.

Obergeschoß:
Ethnographische Ausstellungen über die heutigen Indiovölker Mexikos (Kleidung, Hausbau, Ernährung, Kunsthandwerk).

Museo de Arte Contemporáneo Internacional Rufino Tamayo [30]. Unweit des Anthropologischen Nationalmuseums wurde dem berühmten mexikanischen Künstler Rufino Tamayo (geb. 1900) ein äußerst interessantes Ausstellungsgebäude für seine rund dreihundert Werke umfassende Sammlung zeitgenössischer Künstler und seine eigenen Gemälde errichtet. Auch Wechselausstellungen finden hier statt.

Im Süden
Entlang der Avenida Insurgentes Sur finden sich zahlreiche eindrucksvolle Bauten, darunter im Park des 220 Meter hohen Hotels de México das 1971 eingeweihte zwölfeckige
Polyforum Cultural Siqueiros. Die zwölf Bilder der Außenwände, an denen dreißig Künstler mitgearbeitet haben, und das 2002 Quadratmeter große plastische Gemälde Siqueiros' im Hauptsaal des Kulturzentrums haben den «Weg der Menschheit» zum Thema.

Der nächste auffallene Rundbau ist das Teatro Insurgentes, dessen Fassade in einem vielfarbigen Mosaik von Diego Rivera die Geschichte des mexikanischen Theaters allegorisiert.

Südlich des Theaters liegen beiderseits der Avenida Insurgentes hübsche Stadtviertel, die einst unabhängige Kolonialstädtchen vor den Toren der Metropole waren. Auch wenn sie längst im Häusermeer untergehen, haben sie sich ihre Idylle merklich bewahren können. – In
Coyoacán, östlich des Viveros-Parks gelegen, besaß Cortés eine Villa (Casa Cortés) beim Hauptplatz, wo schon 1583 die Dominikanerkirche San Juan Bautista errichtet wurde. Jüngere Kunst und Geschichte leben weiter im Museo Frida Kahlo, Calle Londres 247, dem Elternhaus der Frau Diego Riveras. Dem Künstlerehepaar eng verbunden war Leo Trotzki. Sein Haus (Calle Viena/Morelos), wo er 1940 ermordet wurde, ist heute Museum.

Nach Westen hin wird man im früheren «Städtchen» San Angel rund um das guterhaltene Karmeliterkloster El Carmen von 1615 abermals in Mexikos koloniale Vergangenheit versetzt. El Carmen ist sehenswert wegen seiner dreikuppligen Kirche, heute ein Museum kolonialer Kirchenkunst.

Hauptanziehungspunkt ist der Bazar Sábado, der Samstagsmarkt in der Plaza Jacinto, wo allwöchentlich zwischen 10.00 und 20.00 Uhr Kitschiges wie Kunstvolles den Besitzer wechselt.
Ciudad Universitaria. Die Universität der Stadt Mexico hat eine mehr als dreihundertjährige Tradition und war die erste Hochschule Amerikas (gegründet 1551). Heute studieren über dreihunderttausend Studenten an der UNAM (Universidad Nacional Autonoma de México), deren etwa achtzig Gebäude (1950 bis 1955) in einer weiten Parkanlage verstreut sind. Berühmte zeitgenössische mexikanische Künstler beteiligten sich an ihrer Gestaltung. Am bekanntesten ist das rechteckige Bibliotheksgebäude, das an seinen fast fensterlosen Fassaden Mosaiken von Juan O'Gorman trägt. Die Südwand stellt das koloniale Zeitalter mit seinen rivalisierenden Weltvorstellungen, der kopernikanischen und der ptolemäischen Kosmologie, dar. Im Norden ist die vorkolumbische Welt Mexikos symbolisiert, die Neuzeit im Westen und die Zukunft im Osten.

Folgt man der Avenida Insurgentes Sur weiter nach Süden, vorbei am großen Konzertsaal Nezahualcóyotl, erreicht man die
Pyramide von Cuicuilco. Sie ist das beste Beispiel für Plattformbauten der präklassischen Zeit in Mexiko. Die Pyramide stammt aus dem 6./5. Jahrhundert v. Chr., mißt 100 Meter im Durchmesser und ist 18 Meter hoch. Eine Rampe führt auf das Bauwerk, das von einem Vulkanausbruch in vorhistorischer Zeit völlig überdeckt wurde (archäologisches Museum).

Eine Sehenswürdigkeit besonderer Art wäre schließlich noch das riesige luxuriöse Einkaufszentrum Perisur, nahe der einstigen Villa Olímpica. Westlich der Insurgentes erstreckt sich Mexikos architektonisch modernstes Wohngebiet, die Jardínes del Pedregal.

Ausflüge im Stadtrandbereich
Da die folgenden Sehenswürdigkeiten – von einigen Ausnahmen abgesehen – mit öffentlichen Verkehrsmitteln nur umständlich zu erreichen sind, empfiehlt es sich, einen Leihwagen oder ein Taxi zu nehmen.

Für den Norden der Stadt bietet sich eine Rundfahrt, ausgehend von der
Plaza de las Tres Culturas am nördlichen Ende des Paseo de la Reforma an. Spuren der ersten Kultur sind die Fundamente aztekischer Tempel und einer vorspanischen Straße. Die Kolonialzeit vertritt das Franziskanerkolleg Santiago Tlatelolco (1609 erbaut). Aztekische Prinzen und Dorfhäuptlinge aus allen Teilen Mexikos wurden hier im Sinn christlich-europäischen Kulturdenkens umerzogen. Der Turmbau des mexikanischen Außenministeriums ist Teil des modernen Stadtviertels Nonoalco-Tlatelolco, das von dem Architekten Mario Pani entworfen wurde und beim Erdbeben 1985 schwere Schäden erlitt.

In der Verlängerung der Reforma führen Calzada Misterios sowie Calzada Guadalupe zum berühmtesten und größten Heiligtum ganz Lateinamerikas, der

Mexico City, Universitätscampus.

Mexico City, Basilica de Nuestra Señora de Guadalupe.

Basilica de Nuestra Señora de Guadalupe (U-Bahn: Basilica). 1531 erschien auf dem Hügel dem Indio Juan Diego mehrmals die Jungfrau Maria in Gestalt einer indianischen Prinzessin. Ihr Bild im ovalen Strahlenkranz verblieb auf seinem Umhang aus Maguey-Fasern, der seitdem als Gnadenbild verehrt wird. Schon 1533 errichtete man eine erste Kapelle, der im 18. Jahrhundert der große Bau der Basilika folgte. Im Lauf der letzten zweihundert Jahre sanken die Fundamente so bedrohlich ab, daß das Gotteshaus geschlossen werden mußte. Daneben nahm 1976 eine moderne Basilika das Gnadenbild auf. Der einem Amphitheater gleichende Innenraum bietet Platz für zwanzigtausend Menschen. Jeden Sonntag und überaus prächtig am 12. Dezember, dem Feiertag der Jungfrau von Guadalupe, pilgern Gläubige in Prozessionen zur Kirche, einige auf ihren Knien.

In unmittelbarer Nähe befinden sich fünf weitere Kirchen, von denen sehenswert sind: die Capilla de Pocito (über einem Brunnen, dessen Wasser als heilkräftig gilt) und auf dem Hügel die Capilla de Tepeyac. Beim Aufstieg und vom Vorplatz bieten sich schöne Ausblicke auf die Stadt.

Tenayuca (via Calzada Vallejo). Im Norden, bereits jenseits der Stadtgrenze, liegt inmitten des Dorfs San Bartolo Tenayuca die Schlangenpyramide, ein Sonnenheiligtum der Chichimeken und Azteken (12.–15. Jh.). Von den sechs Überbauungen im 52-Jahre-Rhythmus ist jede einzelne noch zu erkennen, ebenso Verzierungen in Form gemauerter Schlangen an der Basis. Kleines Museum.

Xochimilco. In den kleinen, ehemals aztekischen Ort, heute *das* Ausflugsziel der Stadtbevölkerung vor allem an Wochenenden, gelangt man am besten mit Metro (bis Taxqueña) und Straßenbahn. Zu Tausenden bevölkern in der Freizeit mexikanische Großfamilien, mit Proviantkörben beladen, die geschmückten Boote (Trajineras), auf denen zur Musik enthusiastischer Mariachikapellen gegessen und getanzt wird. Zwischen den großen Booten schlängeln sich die Einbäume unzähliger Händler hindurch, die Blumen, Tortillas und auch Sarapes feilbieten. Die Blumen kommen meist direkt von den Chinampas, ehemals auf geflochtenen Matten schwimmenden Inselgärten. Schon die Einwohner der Großstadt Tenochtitlán genossen Früchte und Gemüse von den fruchtbaren Parzellen, die alljährlich mit Schlamm gedüngt wurden. Mit der Ausdehnung der Stadt und der Verlandung des Texcocosees wurden die Pflanzeninseln landfest, entstand ein Kanalsystem, das noch bis ins 19. Jahrhundert als Verkehrs- und Versorgungsweg bestehen blieb. Sinkendes Grundwasser und zunehmende Verschmutzung bedrohen dieses Relikt eines glanzvollen Venedig der Neuen Welt.

Praktische Hinweise

Information: Secretaría de Turismo, Presidente Mazaryk 172 (Ecke Calle Hegel), Colonia Polanco (auch Beschwerdestelle).

Stadtinformation 5 25 93 80. Cámara Nacional de Comercio (Handelskammer), Paseo de la Reforma 42 (Stadtpläne, Rechtsberatung).

Departamento de Información y Auxilio Turístico, Telefonhilfe für Autofahrer.

Flughafen: Aeropuerto Internacional Benito Juárez, dreizehn Kilometer vom Stadtzentrum.

Eisenbahn: Gran Estación Central de Buenavista. Verbindungen nach allen wichtigen mexikanischen Städten und USA. Frühzeitige Reservierung erforderlich.

Autobusse: Etwa sechzig Buslinien erschließen die Stadt. Die Benutzung ist aber, abgesehen von den Hauptrouten entlang der Reforma und Insurgentes (Ruta 100), nur sprachgewandten Reisenden mit gutem Orientierungsvermögen anzuraten.

Bahnhöfe der Überlandbusse (Verbindungen im allgemeinen entsprechend der Himmelsrichtung): T. A. N. (Terminal del Norte; Avenida de los 100 Metros 4907), Teotihuacán, Tula, Nordmexiko.

Terminal Indios Verdes (U-Bahn-Station), Teotihuacán und nördliche Vororte.

T. A. P. O. (Terminal del Oriente; Calzada Ignacio Zaragoza 200, U-Bahn: San Lázaro), Puebla, Oaxaca, Mérida.

T. A. S. (Terminal del Sur; Avenida Taxqueña 1230, U-Bahn: Taxqueña), Cuernavaca, Taxco, Acapulco.

T. A. P. (Terminal del Poniente; Avenida Sur 122 in Tacubaya, U-Bahn: Observatorio), Toluca, Morelia.

Bei größeren Überlandstrecken ist die Platzreservierung bei Central de Autobuses, Reforma 52 (Mexicorama), bzw. über Hotel, Reisebüro oder am jeweiligen Bahnhof dringend empfohlen.

Die *U-Bahn* (Metro), das wichtigste und auch billigste Massenverkehrsmittel, verkehrt werktags von 6.00 bis 24.00 Uhr, samstags bis 1.00 Uhr, sonntags von 7.00 bis 24.00 Uhr. In den Morgenstunden bis etwa 11.00 Uhr und am Abend von 17.00 bis 20.00 Uhr sind die Züge sehr überfüllt (eigene Waggons für Frauen). Daher ist die Benutzung nur von etwa 11.00 bis 16.00 Uhr anzuraten. Koffer, große Rucksäcke und sperrige Lasten dürfen in der Metro nicht transportiert werden!

Taxis: 1. Große Limousinen vor den Hotels, Fahrer sprechen meist englisch, teuer, Preis unbedingt im voraus aushandeln.

2. «Peseros» (Peso-Taxis) fahren auf etwa zwanzig Routen um die Reforma und Insurgentes, bis zu sechs Passagiere, mit festen Halteplätzen, sehr billig.

3. Die frei zirkulierenden gelben VW-Taxis haben Taxameter, stellen ihn aber oft erst nach Aufforderung an, sehr billig.

4. Funktaxis (weiß mit roten Streifen), telefonisch von einem «Sitio» anzufordern. Die Uhr läuft ab Standplatz.

5. Beige Flughafentaxis am Flughafen.

Unterhaltung: Mexico City besitzt eine Vielzahl erstklassiger und auch teurer (Hotel-)Bars und Nachtclubs mit Show- und Tanzprogrammen (sonntags oft geschlossen, sonst bis 1.00 Uhr, seltener bis 4.00 Uhr). Die Adressen erfährt man im Hotel, Tourismusbüro oder aus der Zeitung.

Unterhaltung mit mexikanischem Flair: Ballet Folklórico, Palacio de Bellas; Volkstänze in authentischen Kostümen.

Plaza Garibaldi: Täglich schmettern in den Abendstunden Mariachigruppen für einige Pesos mitreißende Ständchen.

Traditionelle lateinam. Musik in den sog. *Peña-Lokalen*: «El Payador», Río Amazonas 36, Col. Cuauhtémoc (Do, Fr, Sa 20.00 Uhr); «El Condor Pasa», Rafael Cheval, S. Angel (Mo, Mi–So 19.00 Uhr).

Charreadas (Reiterspiele): «Charros del Pedregal», Camino a Sta. Teresa 305, Tlalpan, Tel. 6 55 93 53 (meist Sa, So).

Stierkampf: Arena der Plaza México, Insurgentes Sur; Arena El Toro, Periférico; an Sonntagen von November bis März.

Jai-Alai: ein aus dem Baskenland importiertes, rasantes Ballspiel im Frontón Mexico, nördlich des Monumento a la Revolución; Wetten.

Xochimilco, vgl. Seite 115

Das zentrale Hochland

Die Sierra Madre Oriental im Osten und die Sierra Madre Occidental im Westen begrenzen rein geographisch das Hochland von Mexiko, im Süden bildet die Senke (Cuenca) des Río Balsas die Grenze, im Norden vollzieht sich bei San Luis Potosí ein sanfter Übergang zu den weiten Becken der Steppenzone. Man darf sich das Hochland nicht als einheitliche Landschaft vorstellen, die geologische Struktur ist verwirrend, viele Becken und Täler zwischen gigantischen Bergmassiven werden unter dem Oberbegriff Zentrales Hochland zusammengefaßt.

Hier soll der geographische Begriff auf die Mesa de Anáhuac (Náhuatl: «dort wo es Wasser gibt») sowie die Hochtäler von Toluca und Puebla eingeengt werden. Sie sind das Herz des Landes, die größte Bevölkerungsballung, die höchste Industriekonzentration und auch das kulturelle Zentrum sind in diesem Raum vereint. Die höchsten Berge des Landes, meist vulkanischen Ursprungs, umrahmen ihn als eindrucksvolle Kulisse: Popocatépetl (5452 Meter), Ixtaccíhuatl (5286 Meter), Pico de Orizaba (Citlaltépetl 5747 Meter), Cerro de la Malinche (Matlalcueyetl 4461 Meter) und Nevado de Toluca (4558 Meter).

Die ersten Nachrichten aus diesem Gebiet stammen von Hernán Cortés: Er schrieb über eine weiße Stadt, die sich inmitten eines glitzernden Sees erhebt. Auf viele tausend Jahre Vergangenheit konnten ihre Erbauer zurückblicken. An den Seen des Hochlandes hatten sich seit dem 4. Jahrtausend Maisbauern niedergelassen, die versumpften Ufer befestigt und zu fruchtbarem Ackerland umgestaltet. Mit der Eroberung durch die Spanier wurde die alte Kultur zerstört; seit dem 19. Jahrhundert ist jedoch auch die natürliche Umwelt dramatisch bedroht. Viele Jahrhunderte lang hatte man rücksichtslos die einst dichten Wälder abgeholzt und Seen trockengelegt – Versteppung des Landes und Staubstürme sind heute die Folge. Vereinzelt sind trotzdem noch «Oasen» traditioneller bäuerlicher Kultur zu finden, wo die Art der Bodenbestellung und die Anbaufrüchte (Mais, Agave, Kürbis und Bohne) die gleichen sind wie vor Jahrtausenden, und die Felder in natürlicher Weise mit Agaven, Feigenkakteen oder Yucca-Palmen eingegrenzt werden.

Die nachfolgend beschriebenen Orte werden fast sämtlich als Ausflüge von Reisebüros in Mexico City angeboten oder lassen sich gut mit öffentlichen Verkehrsmitteln bzw. einem Leihwagen erreichen. Bei Fahrten nach Puebla oder Taxco sollte man eine Übernachtung einplanen. Einige Ziele, beispielsweise im Westen und Süden, lassen sich verkehrstechnisch gut zu Rundfahrten verbinden.

Der Norden

Ein Hauptziel vieler Mexiko-Reisender ist die fünfzig Kilometer von Mexico City entfernte archäologische Zone von *Teotihuacán*. (Auf dem Hin- oder Rückweg bietet sich ein kurzer Halt in Acolmán an, das eine sehr früh befestigte Klosteranlage der Augustiner, 1530 auf der Basis einer indianischen Pyramide gebaut, besitzt.)

Über die Autobahn nach Pachuca erreicht man die Ringstraße, die um die weitläufige archäologische Zone herum und an die Zugänge und Parkplätze heranführt.

Die Azteken fanden hier eine schon verfallene Sakralstätte vor und nannten sie Teotihuacán, «Ort der Götter», da sie sich die gigantischen Bauwerke nur von diesen errichtet vorstellen konnten. Niemand weiß, wer Teotihuacán erbaute, wie es ursprünglich hieß, wann und warum es zerstört und verlassen wurde. Schätzungen nennen die Spanne von 150 v. bis 750 n. Chr. als «Lebenszeit». Damals entstand eine Stadt mit zweihunderttausend Einwohnern, deren Einfluß bis nach Guatemala reichte. Ihre wirtschaftliche Macht basierte auf Obsidianvorkommen in der Nähe, ein Material, das in ganz Mittelamerika für Zeremonialgegenstände sehr begehrt war. Was sich heute dem Besucher sorgsam restauriert zeigt, vermag nur andeutungsweise die Pracht dieses Zeremonialzentrums wiederzugeben. Die Steinbauten leuchteten in kräftigen Farben, und für die Innengestaltung war eine ausgereifte Stuck- und Maltechnik angewandt worden.

Die schnurgerade Via Sacra, fälschlich Calzada de los muertos («Straße der Toten») genannt, bildet die Hauptachse am «Ort der Götter» mit den eindrucksvollen Stufenplattformen. Drei gewaltige Bauwerke ragen heraus: Auf einer Grundfläche von 222 × 225 Metern erhebt sich die sogenannte Sonnenpyramide in fünf Terrassen zu einer Höhe von 63 Metern. Auf der obersten Plattform stand der Tempel. Die Basis der um 20 Meter niedrigeren, vierterrassigen Mondpyramide am Nordende der Via Sacra mißt 120 × 150 Meter.

Um ihren quadratischen Vorplatz herum finden sich die interessantesten Ausgrabungen. Die Rekonstruktionen der Priesterwohnungen hat man nach ihren Ornamenten benannt: Palacio de Quetzalpapálotl (Palast des Quetzalschmetterlings), Palacio de los jaguares (Jaguarpalast), Templo de los caracoles emplumados (Tempel der gefiederten Schnecken).

Dem modernen Museums- und Restaurationsgebäude gegenüber liegt der Komplex der sogenannten Zitadelle, ein ummauerter, 400 × 400 Meter großer Platz mit Pyramiden und Tempeln, darunter die Pyramide des Quetzalcóatl, ein archäologisches Juwel. Sockel und Friese schmücken Reliefs der «Gefiederten Schlange» und der Maske des Regen- und Maisgottes.

Busverbindung Mexico City: T. A. N.; Indios Verdes.

Tepotzotlán (10 000 Einw.). Über den Periférico Norte, vorbei an den fünf farbigen Türmen des deutschen Künstlers Mathias Goeritz, Wahrzeichen der Vorstadt Satélite, erreicht man nach rund vierzig Kilometern das sorgfältig restaurierte und zum Museo del Virreinato (Museum für koloniale und religiöse Kunst) umgebaute Jesuitenkloster (16. Jh.) von Tepotzotlán. Die zugehörige Kirche San Francisco Xavier (18. Jh.) beeindruckt mit ihrer überwältigend reichen churrigueresken Fassade und den überbordenden Goldaltären. Es sind Juwele des mexikanischen Barock.

Besonders zu beachten sind der Camarín (Ankleideraum für die Marienfigur), die Loreto-Kapelle sowie die Hauskapelle der Jesuiten, alle mit reichen Innendekorationen.

Busverbindung Mexico City: T. A. N.

Fünfzig Kilometer weiter, abseits der Autobahn, liegt

Tula (95 km von Mexico City). Die strenge Wehrkirche des Städtchens (16. Jh.) hat ein klares gotisches Gewölbe und eine platereske Fassade. Die Ausgrabungszone der erst 1938 wiederentdeckten Hauptstadt der Tolteken, Tollán (ihre Ausmaße wachsen mit den Ausgrabungen), liegt anderthalb Kilometer vom Ortszentrum, jenseits des Flusses. Die Umgebung von Tula war bereits seit der präklassischen Zeit besiedelt, das eigentliche Kulturzentrum wurde

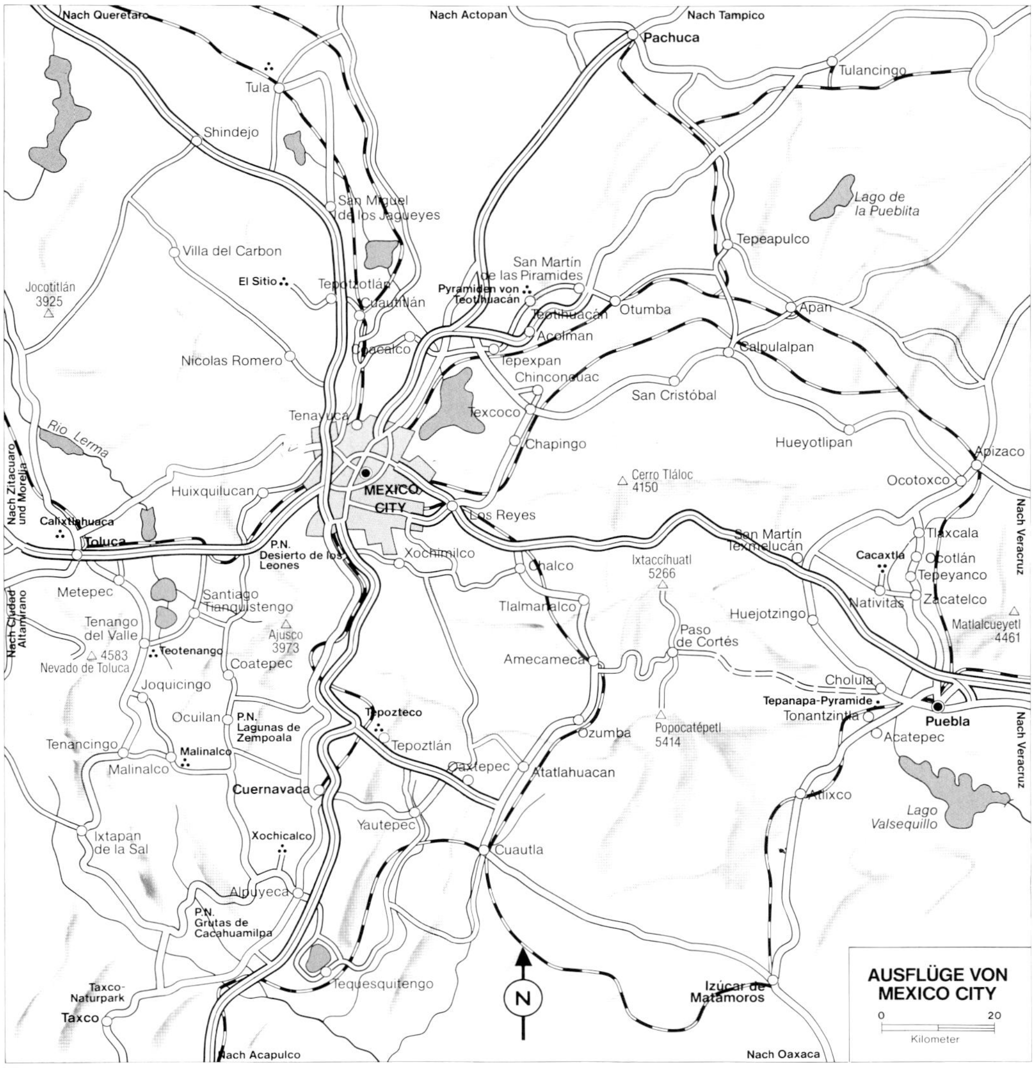

aber erst im 9. Jahrhundert n. Chr. erbaut und bereits um 1116 von Eindringlingen aus den Steppengebieten Nordamerikas wieder zerstört. Später kam das Gebiet unter die Herrschaft der Tepaneken und Azteken.

Die vier berühmten, 4,6 Meter hohen Steinatlanten stellen bewehrte toltekische Krieger dar. Sie trugen früher das Dach des Morgensterntempels. Bei der fünfterrassigen und größten Pyramide sind die Grundmauern weiterer Gebäude zu sehen, die reich mit Jaguaren und Adlern geschmückte Reliefs zeigen. Zwei Ballspielplätze (einer 116 Meter lang) gehören ebenfalls zum Kultzentrum. Das sehenswerte moderne Museum enthält Stein- und Tonfiguren (Bannerträger, Urnen, Gebrauchskeramik).

Actopan (25 000 Einw., 150 km von Mexico City über Tula oder Pachuca). Das Städtchen liegt im Otomí-Gebiet und besitzt ein wehrhaftes Augustinerkloster aus dem 16. Jahrhundert, daneben eine offene Kapelle. Besonders schön sind Sakristei, Refektorium, die schwarz-weißen Renaissancefresken im Treppenhaus und der Klosterhof; Otomí-Museum.

Der Osten

Eine grandiose Landschaft und darin eingebettet einzigartige Zeugnisse präkolumbischer wie kolonialer Zeit lassen die Fahrt nach Tlaxcala und Puebla zu einem unvergeßlichen Erlebnis werden – insbesondere an klaren Tagen, wenn die Kacheln und weiß-goldenen Stuckornamente an Häusern und Kirchen leuchten, die Schneekuppen der Fünftausender in der Sonne gleißen.

Amecameca (2450 m, 35 000 Einw.) ist bekannt durch seinen Sonntagsmarkt vor der Kolonialkirche, die einen schönen Vorhof und Altar hat. Auf den Hügel Sacromonte führt ein mit alten Bäumen bestandener Passionsweg (14 Stationen, bunte Kachelarbeiten), auf dem man in zwanzig Minuten zwei weitere alte Kapellen erreicht und einen prachtvollen Blick auf die nahen Vulkane genießt.

Südlich Amecamecas zweigt eine Straße zum Popocatépetl ab. Sein Name bedeutet «rauchender Berg» und hatte noch bis 1802, dem Jahr des letzten Vulkanausbruchs, Gültigkeit. Der Paso de Cortés (3580 m) trennt ihn von der «liegenden Frau», Ixtaccíhuatl, so benannt nach der Silhouette, die an eine Liegende mit angezogenen Beinen erinnert. In Tlamacas gute Unterkunft für Bergsteiger.

Puebla

Die fünftgrößte Stadt Mexikos (2160 m, 1,2 Mio. Einw.) ist zugleich Hauptstadt und Industriezentrum des gleichnamigen Bundesstaates. Über Jahrhunderte konnte sie sich ihren kolonialen Charakter bewahren; sie wird heute ihrer unzähligen Kirchen wegen das Rom Mexikos genannt. Viele Gebäude sind mit mehrfarbigen Kacheln geschmückt, die zu den vielgestaltigen keramischen Erzeugnissen der Stadt gehören. Neben ihnen bieten sich Onyxarbeiten (das Material stammt aus Steinbrüchen der Umgebung) und Süßigkeiten aus Mandeln als Mitbringsel an.

Puebla wurde 1531 von Karl V. als Stützpunkt auf dem Weg zwischen Mexico City und der Küste gegründet und entwickelte sich auch wegen seiner strategischen Schlüsselstellung zu einer bedeutenden Stadt. In den meisten kriegerischen und revolutionären Ereignissen stand sie im Blickpunkt: im Krieg mit den USA (1847) und in der Auseinandersetzung mit der französischen Interventionsarmee (1862/63). Der 5. Mai, an dem General Ignacio Zaragoza 1862 die Franzosen bei Puebla schlug, ist heute Nationalfeiertag.

Für den regionalen Arbeitsmarkt spielt das 1968 errichtete Volkswagenwerk eine bedeutende Rolle. Es beschäftigt mehrere tausend Arbeiter und baut für den Export in die ganze Welt.

Orientierungshinweis: Die Querstraßen (Avenidas) der zentralen Nord-Süd-Achse (Calle 5 de Mayo/Calle 16 de Septiembre) werden im Westen mit Poniente (Pte.), im Osten mit Oriente (Ote.) bezeichnet, die Numerierung erfolgt ausgehend von der Ost-West-Achse (Avenida M. A. Camacho/Avenida de la Reforma; sie kreuzt die Nord-Süd-Achse am Zócalo) nach Norden (gerade Ziffern) und Süden (ungerade Ziffern). Andererseits werden die nördlichen Querstraßen (Calles) der Ost-West-Achse mit Norte (Nte.), die südlichen mit Sur bezeichnet und wieder blockweise beziffert (ungerade westlich, gerade östlich der Nord-Süd-Achse).

Am gepflegten, von hohen Bäumen beschatteten Zócalo steht die gedrungene

Puebla, Kathedrale.

Kathedrale, 1560 bis 1650 vorwiegend im Renaissancestil erbaut. Im Innern beachte man die vierzehn Kapellen (der Zapoteke Miguel Cabrera malte die Darstellungen der Passion Christi), die Gobelins und das reichgeschnitzte Chorgestühl. (13.00–16.00 Uhr geschlossen)

In zweierlei Hinsicht ist die
Biblioteca Palafoxiana (Av. 5 Ote. Nr. 5) ein bedeutendes Kulturdenkmal: Fünfzigtausend alte Handschriften und Bücher füllen die in Mexiko einzigartigen, vollständig aus dem 17. Jahrhundert erhaltenen Bibliotheksräume. – Kurios wirkt die wie mit Zuckerguß verzierte
Casa del Alfeñique («Zuckerbäckerhaus», Av. 4 Ote./C. 6 Nte.) aus dem 18. Jahrhundert. Das Haus, teilweise mit blau-weiß-roten Kacheln verkleidet, enthält das Bezirksmuseum mit interessanten alten Fotos, Stadtplänen und Bilderhandschriften.

Die bedeutendste Kirche der Stadt ist
Santo Domingo (C. 5 de Mayo), deren Rosenkranzkapelle (Capilla del Rosario) im 17. Jahrhundert von indianischen Künstlern unter dem Einfluß des Christentums in leuchtenden Farben und mit einer unbeschreiblichen Fülle von Stuckornamenten verziert wurde. Über dem Hauptaltar schwebt die Rosenkranzmadonna, die Orgelempore wird von musizierenden Putten gebildet. – Das
Museo de Arte Popular (C. 3 Nte. 1203) im ehemaligen Convento de Santa Rosa zeigt die reiche Volkskunst von Puebla in erlesenen Exemplaren, zum Beispiel besonders schöne Talavera-Keramik andalusischer Tradition.
Convento de Santa Mónica (Av. 18 Pte. 203). Nachdem das Kloster 1857 geschlossen worden war, entdeckte man 1934, daß hier seit 77 Jahren ein Nonnenorden das verbotene Klosterleben weiterführte. Durch den «Wandschrank» eines Privathauses wurden die Nonnen mit allem Notwendigen versorgt. Der Bau von 1606 ist heute ein sehenswertes Museum religiöser Kunst.

Auf dem Hügel am Rand der Stadt liegt die Festung Loreto und daneben das
Museo del Estado (Staatsmuseum). Die Sammlungen umfassen archäologische Funde sowie Dokumente der Kolonialzeit und der Folklore. In unmittelbarer Nachbarschaft das Naturwissenschaftliche Museum und ein Planetarium.

Um das Bild von Puebla abzurunden, wären in der Calle 8 Norte der reizvolle Bau des Theaters, das ältesten des amerikanischen Kontinents, und das Museo Bello (C. 3 Pte. 302) mit reicher Keramik- und Möbelsammlung sehenswert; dem Interessenten sakraler Baukunst bieten die insgesamt 62 Kirchen ein weites Betätigungsfeld, für kulinarische Genießer sind ein Besuch in den Markthallen (C. 5 de Mayo) und ein Gericht mit Mole poblano unbedingtes Muß.
Information: Oficina de Turismo, Avenida 5 Oriente 3, neben der Kathedrale.

Ausflüge von Puebla
Cholula (23 000 Einw.). Die alte vorspanische Stadt der Tlaxcalteken wurde bei der Eroberung von den Spaniern völlig zerstört. Ihre frühere Bedeutung spiegelt sich einzig in der Tepanapa-Pyramide. Mit ihrer Treppe im Westen ähnelt sie der Sonnenpyramide von Teotihuacán, die auch im 1. Jahrhundert n. Chr. erbaut wurde. In den folgenden Jahrhunderten überdeckten im 52-Jahre-Rhythmus immer neue Baukörper die Pyramide, bis die Basis eine Seitenlänge von 475 × 475 Metern (größer als die Cheopspyramide) erreicht hatte; Höhe etwa 62 Meter. Tunnel führen hinein, und ein kleines Museum zeigt die ehemalige Anlage. An der Südseite wurde ein großes Zeremonialzentrum («Akropolis» mit zahlreichen Plätzen, Plattformen, Altären) freigelegt und restauriert. Von den angeblich 365 Kirchen der Gegend sind die neunundvierzigkupplige Capilla Real und San Gabriel, beide am Hauptplatz, sehenswert.

Nach weiteren fünfzehn Kilometern Richtung Hauptstadt kommt man nach Huejotzingo am Fuß des 5286 Meter hohen Ixtaccíhuatl, mit herrlichem Franziskanerkloster aus dem 16. Jahrhundert (noch gotische Elemente) und einem interessanten Markt am Donnerstag und Samstag.

Nach Süden, nur knapp fünf Kilometer von Cholula, liegt das Dorf Tonantzintla mit seiner unvergleichlich schönen Kirche Santa María. Das rötliche Äußere ist mit blau-weißen Kacheln geschmückt, der Innenraum erstrahlt in einer kaum überbietbaren Fülle farbenfreudiger indianischer Barockornamentik: Engel, Heilige, drohende Gottesmasken sowie Blumen und Früchte. Nur zwei Kilometer entfernt (Straße 190 Richtung Oaxaca) stößt man auf ein weiteres Juwel mexikanischen Barocks, die Kirche San Francisco Acatepec. Fassade und Türme überziehen vielfarbige Kacheln, das Innere schimmert leicht und duftig in Weiß und Gold mit originellen Deckenreliefs.

Zwischen Puebla und Tlaxcala lohnt es sich, nach etwa zwanzig Kilometern bei Zacatelco in Richtung Nativitas zu einer der jüngsten archäologischen Zonen abzubiegen. In die üppig grüne Hügellandschaft gebettet, sind in
Cacaxtla Wandmalereien in erstaunlichen Farben erhalten. Vermutlich zwischen 600 und 800 n. Chr. im Stil von Bonampak gemalt, stellen die Kampfszenen eine Niederlage der Maya dar.

Fünfunddreißig Kilometer nördlich Puebla liegt bereits am Stadtrand von Tlaxcala der Schrein der Jungfrau von Ocotlán, ein scharlachroter Kirchenbau mit weißer Stuckfassade und ebensolchen Türmen in ultrabarockem Stil. Auch diese Kirche – vor allem das Innere mit dem herrlichen Camarín und dem Silberaltar – ist ein Wunderwerk mexikanischer Barockkunst.

Tlaxcala (25 000 Einw.), einst Hauptstadt des Königreichs, das den Spaniern unschätzbare Hilfe gegen die Azteken leistete, ist jetzt Hauptstadt des gleichnamigen Staates. In dem schmucken Städtchen steht, etwas erhöht unter alten Bäumen, die sehenswerte San-Francisco-Kirche mit ihrer geschnitzten, sternen- und planetengeschmückten Zedernholz-Kassettendecke in maurischem Stil; sehr frühe offene Kapelle am Abhang neben der Kirche.

Der Süden

Für einen Ausflug nach Süden bietet sich als Alternative zur Autobahn die kurvenreiche Landstraße 95, vorbei am Vulkan Ajusco (3973 Meter), an. Bei Tres Cumbres kann man auf asphaltierter Straße zu den fünfzehn Kilometer entfernten Lagunas de Zempoala, sieben Seen inmitten bewaldeter Berge, abzweigen und über Ocuilan die Hauptstadt des Bundesstaates Morelos erreichen:
Cuernavaca (1540 m, 250 000 Einw.). Einst vor allem wegen ihres milden Klimas (21° C Jahresmittel) und der üppigen Vegetation Wohnsitz vieler Künstler, Wochenend- und Fremdenverkehrszentrum in reicher Landwirtschaftszone, wird die wachsende Stadt mehr und mehr von Industrie eingeschnürt. Der 1530 von Cortés erbaute Palast, heute Historisches Museum, am parkartigen Zócalo, hat im Obergeschoß eine Loggia mit Wandgemälden von Diego Rivera: «Eroberung und Befreiung Morelos'». Der Bau der Kathedrale wurde von Cortés 1523 befohlen. Teil eines Franziskanerklosters, ist sie eine der ältesten Kathedralen Mexikos. Wandmalereien aus dem 16. Jahrhundert, die die Kreuzigung des mexikanischen Missionars San Felipe de Jesús und seiner Begleiter in Japan darstellen, wurden freigelegt. Glasfenster von Mathias Goeritz; an Samstagen Mariachimessen. Die rosafarbene San-Francisco-Kapelle im Vorhof mildert die Strenge, die der gesamte Bau ausstrahlt. Die alten Gartenanlagen (Jardínes Borda) gegenüber gehen auf den Mäzen und Silberbaron José de la Borda zurück (18. Jh.).
Information: Avenida Morelos 802; C. Comonfort 2.

Zwischen Cuernavaca und Taxco lohnt sich der Besuch der landschaftlich reizvoll gelegenen archäologischen Zone Xochicalco und 45 Kilometer weiter der bis zu 45 Meter hohen Tropfsteinhöhlen Grutas de Cacahuamilpa (etwa drei Kilometer sind beleuchtet, Licht- und Ton-Schauen).

Xochicalco. Dieses Zeremonialzentrum, eindrucksvoll durch seine Lage und die feine Ausgestaltung der Schlangen- und Priesterreliefs, lag an der Nord-Süd-Handelsstraße, wodurch vielleicht die verschiedenen Stilelemente zu erklären sind. Über Erbauer und Bauzeit ist wenig bekannt, sichtbar sind jedoch Maya- und Toltekeneinflüsse, insbesondere an den sitzenden Priestergestalten, den Tages- und Jahreszeiten sowie den Kriegerfiguren. Der große Ballspielplatz war der erste des Hochlandes.

Taxco (1666 m, 100 000 Einw., rund 183 km von Mexico City) ist eine reizvoll in die Hänge gebettete, unter Denkmalschutz stehende Stadt, deren Silberminen schon die Azteken kannten. Aber erst 1716 beutete José de la Borda sie in großem Stil aus und stiftete zum Dank für seinen Reichtum die am Zócalo stehende rosafarbene Spätbarockkirche Santa Prisca mit einer von bunten Kacheln bedeckten Kuppel und 48 Meter hohen Zwillingstürmen (Rundsicht). Im Innenraum befinden sich churriguereske Goldältäre und Gemälde, beispielsweise von Miguel Cabrera (1695–1768).

Ein Bummel durch die Kopfsteinpflastergassen führt über Plätze mit Brunnen, vorbei an zahlreichen Kolonialkirchen und pittoresken Häusern, darunter die Casa Figueroa (18. Jh.) und aus demselben Jahrhundert die Casa Humboldt, wo Alexander von Humboldt 1803 wohnte. Auch der Sonntagsmarkt am Abhang neben der Kirche ist ein beliebtes Touristenziel. Vorsicht ist bei Käufen in den Silberläden geboten. In Mexico City ist alles preiswerter!
Information: Casa Borda, Plazuela Bernal.

Der Westen

Die Reforma mündet am westlichen Stadtrand von Mexico City in die Ausfallstraße 15 Richtung Toluca und überquert den Paß Sierra de las Cruces. Nach etwa vierzehn Kilometern erreicht man den Abzweig zum Nationalpark Desierto de los Leones («Löwenwildnis»). Inmitten hohen Tannenwaldes liegt das Karmeliterkloster Santo Desierto auf fast dreitausend Metern Höhe, im frühen 16. Jahrhundert erbaut. Klostergärten und Kreuzgang sind besonders sehenswert.
Toluca (2670 m, 300 000 Einw., 65 km von Mexico City). Die Hauptstadt des Bundesstaates Mexiko, höchstgelegene Stadt des Landes, dehnt sich zu Füßen des 4558 Meter hohen, oft schneebedeckten Vulkans Nevado de Toluca aus.

Viele Industriebetriebe haben sich rund um Toluca angesiedelt, dessen Stadtkern geschickt restauriert wurde. Außer zahlreichen Kolonialkirchen und einem gepflegten Museum für Volkskunst ist vor allem der Freitagsmarkt der Otomí- und Matlatzinca-Indianer (nahe dem Busbahnhof) Hauptanziehungspunkt für Besucher. Das reiche Angebot umfaßt Vieh, Töpferwaren, Obst und Gemüse.
Information: Palacio de Gobierno, Lerdo Poniente 300.

Beim Dorf Calixtlahuaca, acht Kilometer nördlich Richtung Querétaro, findet sich eine interessante Rundpyramide der Matlatzincakultur aus voraztekischer Zeit.

An der Straße 55 nach Tenango liegt das Töpferdorf Metepec, bekannt für seine in ganz Mexiko verbreiteten farbenfrohen Lebensbäume. Elf Kilometer südlich Tenangos zweigt eine Nebenstraße nach Malinalco ab, die zweite und bessere Anfahrtsmöglichkeit geht über Tenancingo.

Malinalco. Das Dorf Malinalco wird beherrscht vom wehrhaften Bau eines Augustinerkonvents von 1540. Etwa 200 Meter oberhalb

Taxco,
Santa Prisca.

Landschaft vor dem Vulkan Nevado de Toluca.

des Ortes (guter Stufenweg) liegen, mit primitiven Stein- und Kupferwerkzeugen aus der Bergwand herausgeschlagen, einzigartige Aztekentempel. Der Hauptbau des sogenannten Cerro de los Idoles ist eine drei Meter hohe, halbe Stufenpyramide mit Sockel und dreizehnstufiger Treppe (13 = die heilige Zahl). Den kreisrunden Kultraum schmücken ein steinerner Jaguar und drei ebensolche Adlerbälge, höchst naturalistisch dargestellt. Die Augenhöhlen waren einst mit Jade oder Türkis eingelegt.

Für die Rückfahrt nach Mexico City bietet sich die Strecke über Ocuilan und den Nationalpark Lagunas de Zempoala, sieben Seen inmitten grandioser Berglandschaft, an.

Das nördliche Hochland

Nordmexiko zwischen Sierra Madre Oriental und Occidental, ein Hochland von der Größe der Bundesrepublik, hat zwei Gesichter: südlich des Wendekreises ein Bergland (zusammen mit der Pazifikküste als Il Occidente, Westen, bezeichnet), reich an Bodenschätzen, eingebettet zwischen bewaldeten Höhenzügen reizvolle Seen, Kolonialstädte ohne Zahl, die ihren einstigen Wohlstand dem Bergbau verdankten und heute vom Tourismus leben. Im Norden zwischen schroffen Bergketten weite Beckenlandschaften, trocken, karg, Land der Gauchos und der riesigen Viehherden. Die Bundesstaaten sind größer, die Bevölkerungsdichte weit geringer als im Süden, die wenigen Bevölkerungszentren wie Chihuahua, Cuauhtémoc im Mennonitengebiet oder Monterrey, ein Industrieort, sind touristisch nur als Durchgangsorte interessant.

Bis ins 18. Jahrhundert war das Hochland bedeutender Lebensraum der Indianer – Cora, Huichol, Tarahumara, Yaqui und Mayo heißen die bekanntesten Stämme. Noch pflegen sie ihre Kunsthandwerkstradition: Weberei (Saltillo), Lackarbeiten (Guerrero) und nahezu überall Keramik. Im späten 19. und frühen 20. Jahrhundert lag hier der politische Unruheherd Mexikos, kämpften Pater Hidalgo und Emiliano Zapata erbittert um die Unabhängigkeit und die soziale Neuordnung des Landes, formte sich im Kampf gegen die Vereinigten Staaten das Bewußtsein einer mexikanischen Nation.

Um die südliche Region etwas kennenzulernen, bieten sich von Mexico City nach Guadalajara, dem wirtschaftlichen und kulturellen Zentrum, zwei Strecken an: die eine über Querétaro, San Miguel de Allende, Guanajuato und Irapuato, die andere via Toluca, Morelia, den Pátzcuarosee und Uruapán. Diesen möglichen Routen entsprechen die folgenden Beschreibungen. Die Städte weiter im Norden werden im Anschluß von Süd nach Nord vorgestellt.

Querétaro (1850 m, 250 000 Einw., 220 km). Einst eine der hübschesten, verträumten Kolonialstädte, ist die Hauptstadt des gleichnamigen Bundesstaates heute ein wichtiges Industriezentrum (Halbedelsteinverarbeitung). Die Stadt, eine Gründung der Otomí-Indianer und erst 1531 von den Spaniern besetzt, spielte eine große Rolle im Unabhängigkeitskrieg von 1810. Hier wurde 1867 nach dem Zusammenbruch des Kaiserreichs Maximilian gefangengenommen und erschossen (Dokumente im Museo Regional, Convento de San Francisco, Zócalo). Auf dem Cerro de las Campanas errichtete das Haus Habsburg eine neugotische Gedächtniskapelle.

Sehenswerte Kolonialgebäude sind die Casa de los Condes de Escala an der Plaza Independencia mit prachtvollen schmiedeeisernen Balkonen, die Kirchen Santa Rosa de Viterbo (Avenida G. Arteaga) und San Agustín sowie der herrliche Kreuzgang und Brunnen im angrenzenden Konvent, der heute Palacio Federal (Provinzverwaltung, Avenida Pino Suarez) ist. Bis zum hübschen Neptunsbrunnen vor der sehenswerten Kirche Santa Clara (Avenida Madero/Calle Allende; platereske Fassade, Goldaltäre) reichte einst der Aquädukt, der auf acht Kilometern über achtzig Bögen im Osten des Zentrums (Avenida E. Republicáno) wie vor zweihundertfünfzig Jahren Wasser führt. *Information*: Palacio Municipal, Plaza Independencia.

Die Hauptstrecke nach Guadalajara führt über die kolonial angehauchten Städte Celaya (Geburtsort des Barockarchitekten Tresguerras), Salamanca und Irapuato (Silberbergbau, Erdbeerzucht). Wesentlich empfehlenswerter ist es jedoch, in Celaya nach Norden abzufahren, um einige der hübschesten Kolonialstädte Mexikos kennenzulernen.

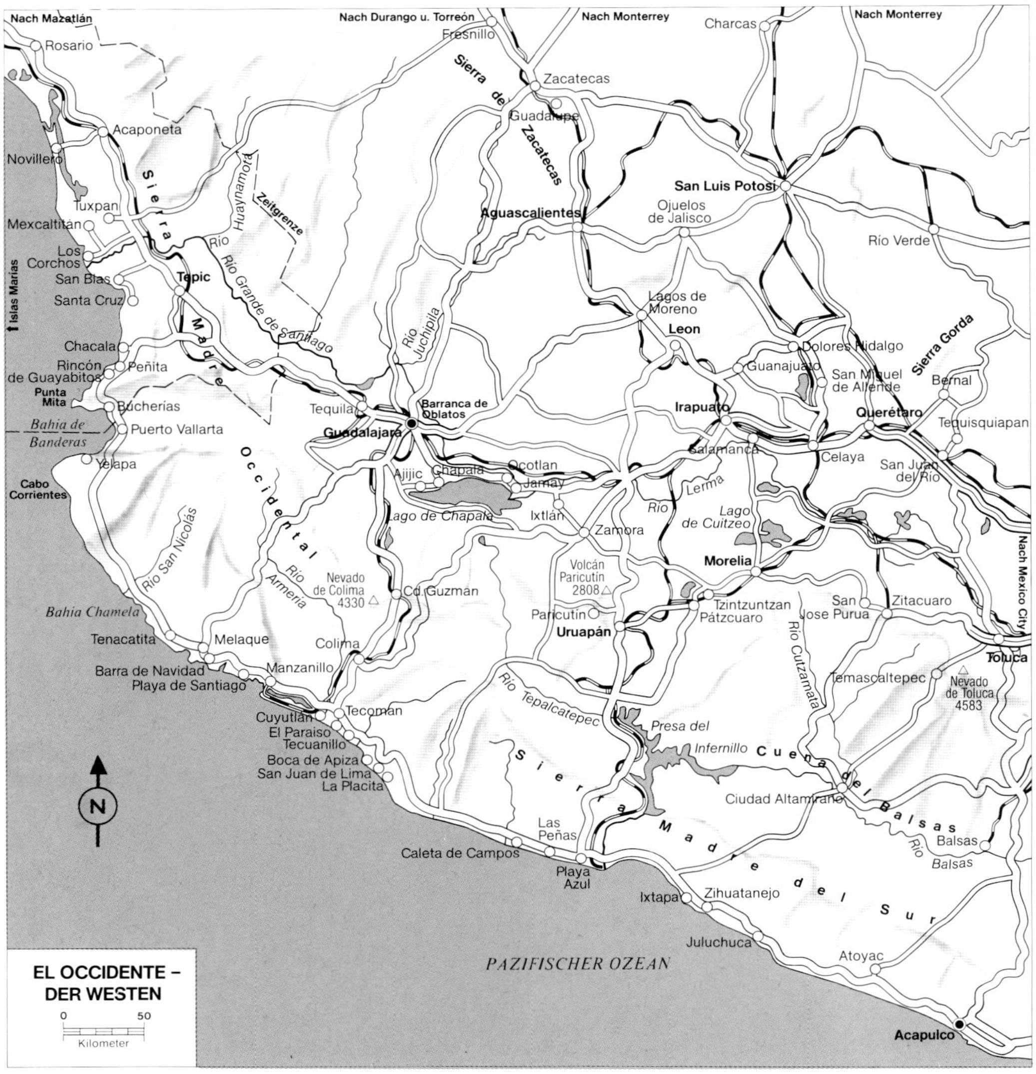

San Miguel de Allende (1920 m, 55000 Einw., 285 km) zählt zu den wenigen unter Denkmalschutz stehenden Städten. Der Ort ist eine rein spanische Gründung von 1540 und hat mit seinem altertümlichen Flair viele ausländische Künstler angezogen. Die alten Kopfsteinpflasterstraßen säumen zahllose vornehme Privatpaläste – prächtige Gegenstücke zu den aufwendigen Kirchenbauten wie dem Convento de la Concepción (interessante Wechselausstellungen), der Iglesia San Francisco aus dem 18. Jahrhundert und der Kirche Santa Casa de Loreto mit einem reich verzierten Deckengewölbe im Camarín. San Miguel ist bekannt für seine Prozessionen in der Osterwoche. Interessantes Ziel für einen Tagesausflug ist Dolores Hidalgo, wo Pater Hidalgo 1810 zum Unabhängigkeitskampf aufrief. – *Information*: Plaza Principal, am Jardín.

Guanajuato (2050 m, 50 000 Einw., 375 km), Hauptstadt des gleichnamigen Bundesstaates. Diese in einem engen Bergtal gelegene, einst lebensvolle, reiche und weithin bekannte Silber- und Goldminenstadt war 1858 einen Monat lang Hauptstadt der Republik. Mit ihren winkligen Gassen, reizvollen Plätzen und zahlreichen Kolonialgebäuden maurischen Einschlags ist die beliebte Universitätsstadt ein hübscher Aufenthaltsort für Touristen. Sehenswürdigkeiten sind unter anderem die nach maurischen Vorbildern erbaute Universität mit einer imposanten Freitreppe; in der Pfarrkirche Nuestra Señora an der Plaza de la Paz eine kostbar gekleidete Marienstatue auf silbernem Sockel, die Philipp II. der Stadt 1557 als Schutzheilige stiftete; der Templo San Diego (17./18. Jh.) mit seiner ausgewogenen Fassade am Jardín de la Unión; die Kirche La Compañía mit ihren klaren Proportionen und im sorgsam restaurierten Kornhaus das danach benannte Regionalmuseum Museo Alhóndiga. Das Geburtshaus des Muralisten Diego Rivera (1886–1957), heute als Museum zugänglich, liegt an der Calle de los Pocitos. Vom skurrilen Denkmal des Unabhängigkeitskämpfers Pípila aus, zu dem man auf der gut ausgebauten Via Panoramica hinauffährt, überblickt man die verwinkelte Stadt.

In Guanajuato findet im Frühjahr Mexikos größte kulturelle Veranstaltung, das Festival Cervantino statt, an dem international renommierte Musik-, Theater- und Ballettgruppen teilnehmen.

Eine der schönsten Kirchen Mexikos liegt fünf Kilometer oberhalb: La Valenciana, im späten 18. Jahrhundert von dem ehemaligen Bergarbeiter und späteren Minenbesitzer Conde de la Valenciana gestiftet. Der sehr ausgewogene Bau ist ein herrliches Beispiel ultrabarocken Stils.
Ausflug: 25 Kilometer Fahrt (Abzweigung von der Straße nach Silao) durch eine eigenartig ocker- und kupferfarbene Hügellandschaft führen zum geographischen Mittelpunkt Mexikos, dem 2600 Meter hohen Cerro de Cubilete. Weithin sichtbar steht hier eine 25 Meter hohe moderne bronzene Christusfigur; großartiger Rundblick. *Information*: Avenida Juárez 129.

Bis Guadalajara sind es durch abwechslungsreiche Berglandschaft (in höheren Regionen bewaldet), über die moderne Stadt León (Zentrum der Schuhindustrie, 600 000 Einw.) und Tepatitlan noch rund 270 Kilometer.

Als Alternative zur eben genannten Route nach Guadalajara bietet sich die Strecke über Toluca und durch den touristisch ungemein reizvollen Staat Michoacán an, der für seine Stickerei-, Lack- und Keramikwaren bekannt ist. Bis Ciudad Hidalgo führt die Straße 15 durch ein weites, teils kahles, teils bewaldetes Vorgebirge, den Nevado de Toluca zur Linken. Dann steigt die Straße an und bietet in 2500 Metern beim Aussichtspunkt Mil Cumbres einen Blick auf die Gipfel der Sierra Madre. Paßhöhe in 3100 Metern.

Morelia (1941 m, 460 000 Einw., 315 km). Die Hauptstadt des Bundesstaats Michoacán wurde vom ersten spanischen Vizekönig Men-

Guadalajara, Kathedrale.

doza 1541 gegründet, später nach dem hier geborenen Unabhängigkeitskämpfer José María Morelos (1765–1815) benannt. Morelia ist eine gepflegte, lebensvolle Stadt, die viel Modernes mit ihrer kolonialen Vergangenheit vereint. Sehenswürdigkeiten sind der fast zwei Kilometer lange Aquädukt aus dem 18. Jahrhundert (250 Bögen), das Wahrzeichen der Stadt; der von sandfarbenen Kolonialgebäuden (schöne Arkadengänge) umgebene Hauptplatz und dort die majestätische Kathedrale in reinem plateresken Stil; der Regierungspalast und das Museo de Michoacano (Ecke Allende/Abasolo; archäologische Sammlung der Taraskenkultur); das neue historische Museo del Estado (C. G. Prieto 176); der Santuario de Guadalupe am Ostrand der Stadt beim Parque de Cuauhtémoc, eindrucksvoll in seiner ungemein kostbaren Ausstattung und der Fülle an Votivgaben.
Information: Palacio Clavijero.

Fünfundvierzig Kilometer westlich Morelias zweigt bei Quiroga eine Nebenstraße nach Pátzcuaro und Uruapán ab. In 2500 Metern Höhe liegt der von bewaldeten Vulkanen umgebene neunzehn Kilometer lange und fünf Kilometer breite
Pátzcuarosee. Die umliegenden Indiodörfer lebten traditionell vom Fischfang, der mit schmetterlingsförmigen Netzen betrieben wurde. Infolge der zunehmenden Seeverschmutzung hat dieser Erwerbszweig jedoch beträchtliche Einbußen erlitten. Um so mehr setzen die Einheimischen auf den Verkauf ihres Kunsthandwerks: Keramik, Web-, Strick- und Lackarbeiten sowie Holzmasken.

Bis 1519 noch Hauptstadt der Tarasken, ist Tzintzúntzan zu einem vergleichsweise bedeutungslosen Dorf verkümmert. Auf einer künstlich aufgeschütteten Plattform liegen die Ruinen taraskischer Tempelpyramiden (Yácatas), für Mesoamerika ungewöhnlich in ihrer T-Form. Die pittoreske koloniale Kleinstadt
Pátzcuaro (2189 m, 45 000 Einw.) bezaubert durch ihre Lage und heitere Atmosphäre. Stimmungsvolle arkadengesäumte und von hohen Bäumen bestandene Plätze laden zum Verweilen ein, der Freitagsmarkt wie das Regionalmuseum der Volkskunst (Museo regional de Artes Populares, Colegio de San Nicolás, Calle Enseñanza) geben Einblick in Lebensweise und künstlerischen Ausdruck der indianischen Bevölkerung. Vom Mirado Estribo, oberhalb des Ortes, hat man einen herrlichen Blick über den See. Lohnende Bootsausflüge zur Insel Janitzio (Morelos-Denkmal). Hier findet am 1./2. November ein berühmtes Fest zum Totengedenken statt.
Information: Portál Hidalgo 9.

Durch subtropische Landschaft führt die 63 Kilometer lange Strecke (nahe vorbei am romantischen Lago Zirahuén und bei Tingambato an einer archäologischen Zone im Teotihuacánstil) nach
Uruapan (1680 m, 250 000 Einw.). Diese Stadt macht ihrem Namen «blumenreicher Ort» mit subtropischen Gärten und Parks alle Ehre. Das schöne Regionalmuseum in einem kolonialen Hospital zeigt die typischen Lackarbeiten der Gegend, die auf dem Markt am Jardín de los Mártires feilgeboten werden. Zwei Ausflüge sind von hier zu empfehlen: zum prächtigen Wasserfall La Tzaráracua (15 km südlich) und zu den erstarrten Lavafeldern des 1943 entstandenen Vulkankegels Paricutín, der sein Umland um rund 900 Meter überragt (40 km nördlich).

Guadalajara

Die Hauptstadt (1570 m, 2,5 Mio. Einw.) des an den Pazifik grenzenden Bundesstaates Jalisco wurde 1542 von den Spaniern gegründet. Sie liegt im fruchtbaren Hochtal von Atemajac und ist heute eine von pulsierendem Leben erfüllte Metropole.

Jalisco ist die Heimat der berühmten Mariachikapellen und vieler Volkslieder. Von hier kommen neben einer Vielzahl von Landwirtschafts- und Bergbauprodukten der bekannte Tequila, ein Agavenschnaps, sowie schöne Textilien, Glas- und Keramikwaren. Verwirrend für den Reisenden sind die häufig je nach den vier Stadtsektoren sich ändernden Namen der großen Straßen. – Für alle Innenstadtbesichtigungen ist der imposante Doppelbau der *Kathedrale mit Sakramentshäuschen* aus dem 16. Jahrhundert der beste Orientierungspunkt, inmitten von vier hübschen Plätzen mit Springbrunnen gelegen. Am Kirchenbau findet man die typisch mexikanische Vielfalt der Dekorationselemente, die sich hier allerdings nicht zu einem geschlossenen Gesamtbild zusammenfügen; in der Sakristei ein Murillo zugeschriebenes Gemälde «Mariä Himmelfahrt».

Nördlich der Kathedrale liegt an der Plaza de la Rotunda das *Museo del Estado de Jalisco* (Staatsmuseum; Kolonialbau des 18. Jahrhunderts). Schwerpunkte sind die Vorgeschichte und Geschichte des Staates, Archäologie und Ethnographie der Westküste.

Auf der anderen Seite der Kathedrale, an der Plaza de la Liberación, steht der
Palacio de Gobierno (Regierungspalast). Er wurde im 17. Jahrhundert mit einer teils churrigueresken, teils neoklassizistischen Fassade erbaut und 1937 von dem Maler Orozco im Treppenhaus mit einem überdimensionalen Gemälde des Miguel Hidalgo geschmückt (weitere Fresken im Sitzungssaal).

Die einst schönste Kirche der Stadt war die Augustiner-Klosterkirche *Santa Mónica* von 1720. Der heute von Abgasen geschwärzte Bau, ein Juwel des mexikanischen Barock, ist mit hochbarocken Portalen und Fenstermedaillons sowie einem heiligen Christophorus an der Ecke geschmückt.

In der Nähe befindet sich die Kirche San Felipe Neri, ebenfalls mit schöner Barockfassade. Südlich des Zentrums sind zwei weitere, aus verschiedenen Epochen stammende Kirchen, San Francisco und gegenüber Aranzazú, wegen ihrer architektonischen Vielfalt erwähnenswert.

Die 1790 gegründete Universität ist an der Avenida Vallarta in einem schönen Gebäude (Ende 19. Jh.) untergebracht. In der Aula befindet sich ein großes Orozco-Wandgemälde: «Dantes Hölle». An derselben Straße, kurz vor dem Minerva-Brunnen, liegt das Wohnhaus und Atelier des Malers, als kleines Museum zugänglich. Die berühmtesten Fresken von Orozco schmücken die Kapelle des Hospicio Cabañas (Waisenhaus).

Der große Mercado Libertad mit seinem bunten Treiben und am Parque Azul die Casa de las Artesanías (kleines Museum und Verkauf von Volkskunst der Region) sind ebenfalls interessant.
Information: Convento del Carmen, Avenida Juárez 638; Morelos 102/Plaza Tapatía.

Ausflüge

Tiaquepaque, die Vorstadt im Süden, wird wegen ihrer spanischen Wohnpaläste und der vielen Läden für Antiquitäten, elegante Textilien, Glas und vor allem Keramik gern besucht. Die Keramikherstellung hat hier wie in Tonalá (20 km östlich Guadalajaras) eine lange, berühmte Tradition. Am 29. Juni Patronatsfest.
Zapopan, Randgemeinde Guadalajaras im Norden, wird von einer großen, architektonisch ausgewogenen Franziskanerbasilika beherrscht (spätes 17. Jh.). Ihre wundertätige Marienstatue «reist» ab Juni durch alle Kirchen Guadalajaras und kehrt am 12. Oktober in prunkvoller Prozession mit Mariachimusik heim (Fiesta 4.–12. Oktober). Im angrenzenden Konvent Ausstellung und Verkauf von Volkskunst der Huichol-Indianer.
Lago de Chapala. Dieser See ist dreimal so groß wie der Bodensee und Mexikos größter natürlicher See. Ein angenehm mildes Klima und die Naturschönheiten der Landschaft machten das Seeufer zum beliebten Ruhesitz für pensionierte Nordamerikaner. Auch das hübsche Städtchen Ajijic erwacht allmählich aus seinem Blütenschlaf und wird zum gutbesuchten Ferienort. Möglichkeiten zu Bootsausflügen im Ort Chapala.
Barranca de los Oblatos. An der Straße nach Zacatecas bietet sich nach etwa zwölf Kilometern vom Mirador Parque Dr. Atl ein grandioser Blick in die Schlucht des Río Grande de Santiago und auf den 138 Meter herabstürzenden Wasserfall Cola de Caballo («Pferdeschwanz»; nur zur Regenzeit interessant).

Je weiter man sich von Guadalajara oder Querétaro nach Norden bewegt, um so größer werden die Distanzen zwischen den Städten oder Sehenswürdigkeiten, um so wüstenhafter Klima, Vegetation und Landschaft. Nordmexiko ist einsames Durchgangsland der großen Bahnlinien und Straßenverbindungen von und nach USA; Bergbau und Industrie bestimmen die Wirtschaft, gefolgt von Viehzucht und Ackerbau, der jedoch nur in Flußniederungen oder auf bewässerten Feldern möglich ist. Abbau und Verhüttung der reichen Bodenschätze, einst Gunstfaktoren der Stadtentwicklung, bedeuten heute hohe Umweltbelastung und Zerstörung; erst ein noch junges touristisches Interesse setzte finanzielle Mittel frei, um koloniales Erbe zu restaurieren und zu konservieren.

Aguascalientes (1890 m, 360 000 Einw.), Hauptstadt des gleichnamigen Bundesstaates, liegt in einer fruchtbaren Ebene, bekannt für Wein- und Obstbau und die Aufzucht von Kampfstieren. Bereits namentlich verweist «Aguas calientes» (1575 gegründet) auf die vielen Thermalquellen der Stadt und ihrer Umgebung. Hauptsehenswürdigkeiten sind am Zócalo (Plaza Principal) der Palacio de Gobierno (Regierungspalast), ein ehemaliger Adelspalast (17./18. Jh.), und die Kathedrale (18. Jh.). Unbekannt sind die Erbauer eines Labyrinths von Gängen, das unter dem Stadtgebiet verläuft. Große Feria zu Ehren des Stadtheiligen San Marcos vom 25. April bis 5. Mai.
Information: Hotel «Francia», Plaza Principal.

San Luís Potosí (1880 m, 400 000 Einw.), ebenfalls Hauptstadt eines Bundesstaates, ist nach der bolivianischen Stadt Potosí benannt (Potosí = Quetchua = Reichtum). An der Stelle einer vorspanischen Siedlung der Huaxteken-Indianer wurde es 1590 als Zentrum des Gold- und Silberbergbaus und eines reichen Landwirtschaftsgebiets gegründet. Die Altstadt ist ein Juwel des kolonialen Mexiko, die mit Fliesen verkleideten Gebäude erstrahlen in leuchtenden Farben. Nach traditionellem Muster bildet der Zócalo (Plaza Hidalgo) mit der barocken Kathedrale (17. Jh.) das Zentrum der Stadt. Künstlerisch herausragende Kirchen sind außerdem San Francisco (mit barocker Fassade und einer fliesenbedeckten Kuppel) und Nuestra Señora del Carmen (Plaza Morelos, reiche Barockfassade). In einem früheren Franziskanerkloster (Calle Galeana) befindet sich das Museo Regional Potosíno mit archäologischen und ethnologischen Sammlungen. Auch der Volkskunstmarkt Mercado Hidalgo (Calle J. de los Reyes) lohnt einen Besuch. Große Fiesta vom 18. bis 26. August.
Information: Jardín Hidalgo 20.

Zacatecas (2495 m, 120 000 Einw.). Silber war 1548 der Anlaß zur Gründung des Ortes in einer Schlucht, heute fördert die größte Silbermine der Welt hier täglich mehr als zweihundert Tonnen des Edelmetalls. Dieser Reichtum fand seinen Ausdruck in Prachtbauten profaner wie kirchlicher Bestimmung – der Kathedrale (Plaza Hidalgo) aus dem 18. Jahrhundert mit einer ungemein formenreichen barocken Fassade, der Jesuitenkirche Santo Domingo, der Casa Moneda (Münze, 19. Jh.) und der Kapelle Los Remedios, im frühen 18. Jahrhundert auf dem Cerro de la Bufa gebaut. Von diesem Hügel bietet sich ein schöner Blick auf die rosafarbene Stadt und die Hochebene. Berühmtheit erlangten auch die gewebten Decken und Umhänge (Sarapes) aus Zacatecas sowie die Süßigkeiten aus der Frucht des Nopal-Kaktus. Am 8. September große Fiesta.
Information: Palacio de Gobierno, Pl. de Armas.

Fortsetzung Seite 133

Unter den prachtvollen Kirchen Mexikos zählt sie zu den schönsten: La Valenciana oberhalb Guanajuato.

Nächste Doppelseite: Guanajuato, die alte Silber- und Goldstadt im nördlichen Hochland. In der rechten Bildhälfte die moderne, nach maurischen Vorbildern erbaute Universität (Universitätskirche mit großer Freitreppe).

Der Pátzcuarosee. Auf dem über 2000 Meter hoch gelegenen See verwenden die Indios schmetterlingsförmige Netze zum Fischfang.

Das nördliche Hochland, in dem der Pátzcuarosee sich befindet, war Lebensraum vor allem der Indianer und im 19. und 20. Jahrhundert Ausgangspunkt der politischen Unabhängigkeitsbewegung.

Blick von der Insel Janitzio auf den Pátzcuarosee.

MM MIGUEL DE LA MADRIDH
RESTAURANT BAR
TONY

Puerto Vallarta, einst Fischerdorf, heute eleganter Badeort an der pazifischen Küste.

Vorherige Doppelseite: Mexikos berühmtester Badestrand Acapulco.

Durango (1924 m, 205 000 Einw.), die Hauptstadt des gleichnamigen Staates, ist eine reizvolle Kolonialstadt mit vielen Parkanlagen, einem schönen Zócalo und einer sehenswerten Kathedrale, begonnen im späten 17. Jahrhundert, vollendet 1777. An der Fassade läßt sich besonders deutlich die spätbarocke Entwicklung zur extremen Ornamentdichte ablesen.
Information: Hidalgo 408 Sur.

Von Durango führt eine schöne, doch in ihrem Zustand sehr schlechte Bergstraße über 320 Kilometer hinunter nach Mazatlán am Pazifik.

Monterrey (538 m, 2 Mio. Einw.). Nach Mexico City besteht hier das größte Industriezentrum (Stahl, Zement, Chemische Industrie, Bier). Die Hauptstadt des Staates Nuevo Léon liegt in einer trokkenen Ebene, beherrscht vom Cerro de la Silla im Osten. Wenig touristisch Attraktives bietet die Stadt, sehenswert sind die Kathedrale (Plaza Zaragoza; 1603–1851) und an der Plaza 5 de Mayo, dem Hauptplatz, der Palacio de Gobierno mit einem schönen Innenhof.
Information: Emilio Carranza 730 Sur.

Chihuahua (1430 m, 380 000 Einw.) ist ebenfalls eine Bundeshauptstadt, Kapitale des Bergbaus und der Viehzucht. Außer einem Besuch der 1789 fertiggestellten Kathedrale ist die Besichtigung des Turms der Capilla Real (im Palacio de Gobierno, Calle Libertad) historisch interessant. Der Freiheitskämpfer Miguel Hidalgo war hier mit anderen Verfechtern der Unabhängigkeit gefangengehalten und im Juli 1811 hingerichtet worden. Rund hundert Jahre später kämpfte Pancho Villa im Bürgerkrieg gegen die Ausbeutung und Unterdrückung der Landbevölkerung. Sein Standquartier, die Quinta Luz (Calle 10, No. 3014), ist heute Museum.

Als Ausflug bietet sich von Chihuahua ein Besuch der Mennonitensiedlungen bei Ciudad Cuauhtémoc an (100 km).

Barranca del Cobre. Eine Bahnfahrt durch den sogenannten Kupfercañon zwischen Chihuahua und Los Mochis (650 km, etwa zwölf Stunden) darf als das große Erlebnis auf einer Reise durch Nordmexiko gelten. Die Landschaft – ein System atemberaubender, bis 1200 Meter tiefer Schluchten, deren Vegetation von der kargen Kakteensteppe bis hin zur üppigen Bananenplantage alle tropisch-subtropischen Varianten kennt – steht in ihrer Einzigartigkeit dem Grand Canyon (USA) nicht nach. Durch 89 Tunnel und über 39 Brücken schnaubt der Zug über die Sierra Tarahumara dem Pazifik entgegen. In 2500 Metern Höhe liegt Creel (356 km von Chihuahua), der Hauptort des Tarahumara-Indianergebiets. Besser als die Stadthotels eignen sich die zwanzig bzw. dreißig Kilometer vom Ort entfernten Hotels «Copper Canyon Lodges» und «Cabaña Divisadero» als Ausgangspunkte für Ausflüge in das eindrucksvolle Bergland und zu den Tarahumaras.

In verstreut gelegenen Weilern (sogenannten Rancherias) leben diese Indianer von Ackerbau und Viehzucht und halten trotz einer weitgehenden Missionierung seit dem 16. Jahrhundert an ihren alten Stammesritualen fest. So werden nach gemeinsamen Arbeiten bei der Ernte oder dem Hausbau noch heute Maisbierfeste mit Tieropfern gefeiert. Zu den traditionellen Handwerkstechniken zählen Weberei, Töpferei und das Flechten feiner Körbe.

Die Pazifikküste

Der Tourismus ist die Schlüsselindustrie der Westküste geworden, die mit endlosen Stränden und einem angenehmen Winterklima (20° C Mittel) aufwartet. Viele Amerikaner – mit ihnen begann der Aufschwung nach dem Zweiten Weltkrieg – entfliehen hierher ihrem kalten Winter, doch auch der Anteil europäischer Badeurlauber hat stark zugenommen. Segler, Surfer, Sporttaucher und -angler finden ideale Bedingungen vor. Blickt Acapulco auf knapp ein halbes Jahrhundert luxuriöser Badetradition zurück, wurde erst durch den Film («Die Nacht des Leguans») Puerto Vallarta für den Tourismus entdeckt, öffnete 1973 die Carretera Transpeninsular dem Reisenden Baja California – eine Halbinsel, zweihundertfünfzig Kilometer länger als Italien! Nur etwa zwei Millionen Menschen leben hier auf 143 000 Quadratkilometern: trockene von Kakteen bevölkerte Wüste und spärlich bewaldete Steppengebiete, im Norden ein Gebirgsmassiv, das bis auf dreitausend Meter ansteigt, und ringsum traumhafte Küsten. Wo Wasser zur Verfügung steht, gedeihen Baumwolle, Weizen, Mais, Zuckerrohr, köstliche Datteln und Wein.

Eine ähnliche Natur- und Kulturlandschaft besitzt die viertausend Kilometer lange Küste am Westabfall der Sierra Madre Occidental. Die wüstenhaften Küstenstreifen des Nordens (bis etwa Los Mochis) unterbrechen tiefe Cañons und weite Bewässerungsgebiete entlang der Flüsse, die – zum Zweck gleichmäßiger Wasserführung – im Hochland aufgestaut sind. Südlich Mazatláns wird die Vegetation tropischer, üppig grün, vielfältig, da die Monate Juli bis September reiche Niederschläge (600–800 mm) bringen (Zuckerrohr- und Bananenanbau). Die fischreichen Gewässer der ganzen mexikanischen Pazifikküste werden kommerziell noch kaum genutzt, für Hochseeangler sind sie ein Eldorado.

Kulturhistorisch gesehen, ist das Gebiet ein Niemandsland, abgesehen von den Höhlenmalereien in Baja California und den übergreifenden Kulturen Nordmexikos, aber die lassen sich besser im Anthropologischen Museum von Mexico City studieren.

Baja California

Tijuana (150 m, 850 000 Einw.). Die heute wichtigste Grenzstadt Mexikos zu den USA kann nur auf etwa hundert Jahre Geschichte zurückblicken, sie entstand aus einer Rinderranch Tíja Juana (Tante Anna). Die Menschen leben vorwiegend vom Tourismus aus den südkalifornischen Städten. Zollfreie Waren, mexikanische Souvenirs, Nachtleben und Veranstaltungen machen die Anziehungskraft der Stadt aus. Mittelpunkte des Treibens sind der Hauptplatz Parque Municipal Guerrero und das Einkaufsviertel um die Avenida Revolución. Von Tijuana führt die Carretera Transpeninsular durch Niederkalifornien. *Information*: Vía Oriente 1.

Mexicali (500 000 Einw.). Die Hauptstadt des Bundesstaates Baja California Norte hat neben ihrer Bedeutung als Umschlagplatz für die landwirtschaftlichen Produkte der Gegend (Baumwolle, Obst, Gemüse) vor allem große Anziehungskraft für USA-Touristen. In Scharen strömen sie an Wochenenden in die Grenzstadt zu Einkauf und mexikanischer Unterhaltung (Stierkampf, Charreadas, Jai-Alai, Tequilalokale, Restaurants).

Ensenada (150 000 Einw.). Die betriebsame, noch recht amerikanisch wirkende Stadt (Fischverarbeitung) liegt an der weiten Allerheiligenbucht, in der im Mai internationale Jachtregatten ausgetragen werden. Ensenada hat gute Strände und in der fünfunddreißig Kilometer entfernten Punta Banda ein seltenes Naturschauspiel zu bieten: La Bufadora («Die Schnaubende»), eine bis zu zwanzig Meter hohe Fontäne, die durch den Druck der anrollenden Brandung aus einem Felsloch emporgeschleudert wird. In der Nähe tummeln sich Seelöwen, und im Januar kann man Grauwale auf ihrem Zug zur riesigen Laguna Ojo de Liebre (bei Guerrero Negro), im März dann auf dem Rückweg mit den Jungen beobachten.

Bis San Quintín, 193 Kilometer südlich Ensenadas, reicht in Küstennähe der Obst- und Gemüseanbau. Die Kleinstadt bietet dem Ruhesuchenden einen herrlichen Kiesstrand und endlose Dünen an einer stillen Bucht.

Beim Parador Punta Prieta lohnt sich für Naturfreunde ein Abstecher von rund siebzig Kilometern nach Osten an die Bahía de los Angeles. Vor dem fünfundzwanzig Meter breiten, kilometerlangen feinsandigen Strand spielen zwischen Juni und Dezember Tausende von Delphinen im Golf, auch Wale und seltene Wasservögel leben hier. Auf dem Rückweg ist, durch einsames Kakteenland und auf allerdings schlechter Straße, ein Umweg von vierzig Kilometern zu empfehlen – zur schönsten aller Missionsgründungen, San Francisco Borja, verlassen am Rand steiler Tafelberge in einer Oase gelegen.

Im Grenzgebiet zwischen Baja Nord und Süd beeindrucken die gewaltigen, weithin durch ihren penetranten Geruch und das gleißende Weiß der Halden kenntlichen Salinen von Guerrero Negro. Genau an der Grenzlinie (zugleich Grenze zwischen den Zeitzonen Hora del Pacifico und Hora de Montaña) steht weithin sichtbar ein sechsunddreißig Meter hohes Denkmal: ein stilisierter Adler, der seine Flügel schützend über beide Staaten breitet.

San Ignacio, eine idyllische Oase, bezaubert mit winkligen Gassen, buntbemalten Häusern und einer schön restaurierten Missionskirche von 1728 (drei vergoldete Altäre). Aus den Palmenhainen im Lavagebiet kommen angeblich die besten Datteln in Baja California (Verarbeitungsbetriebe, auch für Trauben). In der Umgebung finden sich bemerkenswerte Höhlenmalereien, meist Tier- und Menschenfiguren, die man aber nur mit einem Ortskundigen besuchen kann.

Santa Rosalía (etwa 12 000 Einw.) ist durch seinen Hafen, die Fischfabriken und als Zentrum des Kupferbergbaus ein belebtes Städtchen. Der Entwurf zur modernen Kirche Santa Barbara stammt von Gustave Eiffel. Vom Mirador La Cruz de Calvario hat man einen herrlichen Blick auf den Golf und den Volcán las Tres Virgenes, mit 1995 Metern die höchste Erhebung Niederkaliforniens. Sehenswerte Höhlenmalereien bei San Borjita (südlich der Stadt).

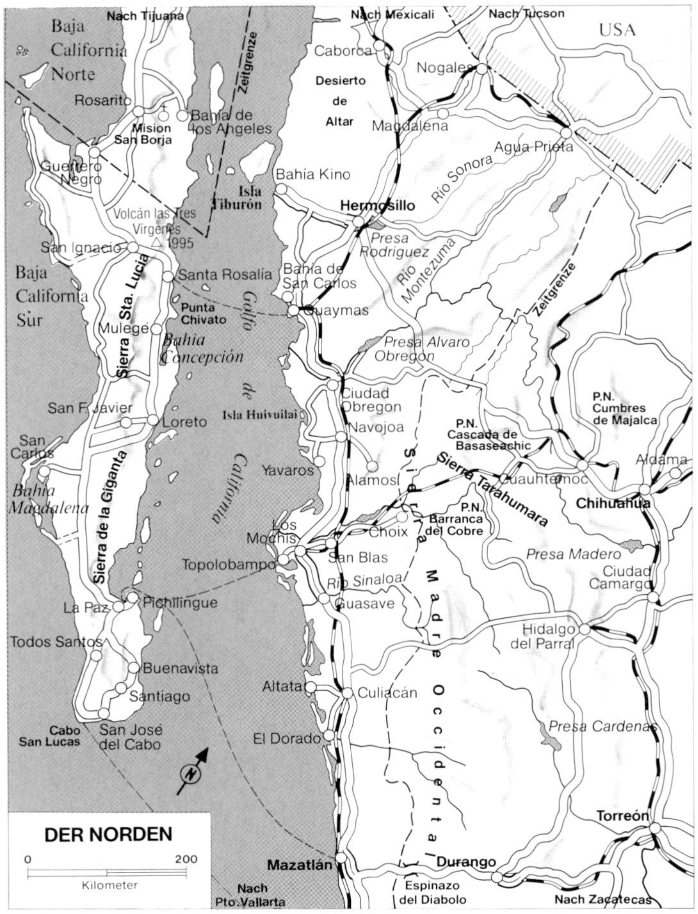

Mulegé, ebenfalls eine Jesuitengründung (restaurierte Kirche von 1703) und Dattelpalmenoase, liegt reizvoll in der Nähe exotisch anmutender Lagunen und einer Flußmündung. An der Punta Chivato wird Angeln und Schnorcheln zum wahren Vergnügen. Die Brandung ist gering, der Strand an der felsigen Küste dunkel vom Lavasand. Herrliche Bootsausflüge in die Bahía Concepción.

Loreto, lange Zeit ein Dorf, hatte 1981 bereits 16 000 Einwohner, und für 1991 rechnet man mit 38 000, denn in der nahen Bahía Nopoló entsteht ein neues Ferienzentrum. Der Ort war die erste spanische Niederlassung in Baja und von 1776 bis 1830 Hauptstadt der Halbinsel. Es gibt außer einer schön restaurierten Barockkirche (1697) wenig kulturell Sehenswertes, dafür imposante Landschaften am Fuß der Sierra de la Giganta («Gebirge der Riesin») sowie vielfältige Wassersportmöglichkeiten. Über eine schlechte, aber landschaftlich reizvolle Straße lohnt sich ein Ausflug zur 1699 erbauten Missionskirche San Francisco Javier, etwa 25 Kilometer.

La Paz (125 000 Einw.) ist Hauptstadt sowie Verkehrsknotenpunkt von Baja Süd und genießt den Status einer Freihandelszone. Die Fischverarbeitung ist einer der wichtigsten Wirtschaftszweige der Stadt wie der Region, im 19. Jahrhundert war La Paz als Perlenfischerhafen bekannt. Die Strände (geringer Wellengang, Dünen) erstrecken sich im Osten entlang einer weiten Bucht, der die Straße nach Pichilingüe, dem Anlegeplatz der Fähren, folgt. Puerto Balandra, sechs Kilometer von Pichilingüe, gilt als Eldorado für Taucher (heller Strand zwischen schwarz und rot leuchtendem Lavagestein). *Information*: Avenida 5 de Mayo, bei der Kathedrale.

Die restlichen 220 Kilometer der Bundesstraße 1 bis zur Südspitze Niederkaliforniens (134 Kilometer auf der neueren Straße über Todos Santos) führen durch eine eher sanfte Landschaft. Spektakulär sind die Ausblicke auf die weit geschwungenen Buchten des Golfs, zum Beispiel vom Mirador des Monumento a la Bandera in der Nähe von Buenavista. Sobald man die Ostküste erreicht, reiht sich Bucht an Bucht, ein weißer Sandstrand an den nächsten, und die Brandung wird erst in San José del Cabo heftiger. Entlang der Küste finden sich zahlreiche Strandhotels, beispielsweise nach 110 Kilometern in der wunderschönen Bahía de las Palmas und zehn Kilometer weiter in Buenavista. (Eine Nebenstraße führt von dort entlang den Stränden etwa hundert Kilometer bis nach San José del Cabo.) Die Staatsstraße biegt ins Landesinnere, berührt den kleinen sympathischen Ort Santiago und erreicht bei

San José del Cabo (12 000 Einw.) wieder die Küste. Nicht ohne Grund wurde dieses zauberhafte Fleckchen Erde für ein weiteres touristisches Großobjekt, Los Cabos, erkoren. An den teils felsigen, teils von tropischer Vegetation gesäumten Stränden entsteht eine moderne Feriensiedlung der gehobenen Preisklasse.

Cabo San Lucas ist auch heute noch ein kleiner Fischerort (Thunfischfabrik), den man auch über Todos Santos entlang der Westküste (134 km, Straße 19) erreichen kann. Es wird mehr und mehr zum gesuchten Ferienziel, denn die Landschaft ist von unvergleichbarer Schönheit: Wo Pazifik und der Golf von Kalifornien zusammentreffen, ragen hohe, bizarr aufgerissene oder abgeschliffene Felsformationen aus der Brandung empor, bevölkern Seelöwen und Pelikane unzählige Klippen, und in der von herrlichen flachen Sandstränden gesäumten Bucht bricht sich das Licht im kristallklaren Wasser.

Die Küste des Festlands

An diesem Küstenstreifen von mehreren tausend Kilometern Länge gibt es auch Tausende von Buchten und Stränden. Sie vollständig zu beschreiben, ist unmöglich. Hier sollen die bekanntesten und durch die fast durchgängig ausgebaute Küstenstraße (Nr. 15, 40, 200) gut zugänglichen Badeparadiese von Nord und Süd kurz beschrieben werden. Als ideales Verkehrsmittel ist an das Auto gedacht, doch verkehren auch Busse in regelmäßigen Abständen zwischen den Badeorten und zu den meisten Stränden.

Zunächst ein «Außenseiter» im Norden, Puerto Peñasco, 370 Kilometer von Mexicali entfernt (Straße 2 bis Sonoyata, dann Straße 8 zur Küste hin). Den Gast erwarten eine zauberhafte Muschelbucht und gute Hotels.

Hermosillo (240 m, 250 000 Einw.), Hauptstadt des Bundesstaates Sonora, liegt im Zentrum einer reichen Obstbauregion und zieht wegen seines milden Winterklimas viele Amerikaner an. Ein beliebter Ausflugsort ist Bahía Kino (102 km), benannt nach dem Forschungsreisenden und Jesuitenpater E. E. Kino (1641–1711); weite Strände, gute Hotels und Restaurants. Die Isla Tiburón (Haifischinsel), einst Lebensraum der Seri-Indianer und heute Naturschutzgebiet, liegt nur wenige Kilometer vor der Küste (Bootsausflüge).

Guaymas (100 000 Einw.), 136 Kilometer südlich Hermosillos, umgibt eine bizarre Felskulisse. Hauptanziehungspunkte sind jedoch die schönen Buchten San Carlos und Bocochibampo, vor allem für Angelfreunde aus den USA.

Fünfzig Kilometer südlich von Ciudad Obregón (Landwirtschaftszentrum) ist auf der Isla Huivuilai ein größeres Touristenzentrum im Entstehen. Die geschützten Buchten von Yavaros und Topolobampo (bereits bei Los Mochis) bieten gute Bademöglichkeiten.

Los Mochis ist End- oder Ausgangspunkt der atemberaubenden Bahnfahrt durch die Barranca del Cobre nach Chihuahua und Umschlagplatz für die landwirtschaftlichen Produkte der Region (Zuckerrohr, Obst).

In der Nähe von Culiacán (53 m, 350 000 Einw.), der modernen Bundeshauptstadt von Sinaloa, mit einem hübschen kolonialen Altstadtkern um den Zócalo, liegen mehrere Seebäder, darunter Altata (65 km westlich) und El Dorado (70 km südlich). Sehr großer Beliebtheit erfreut sich bei den Mexikanern

Mazatlán (380 000 Einw.). Das Seebad an der weit geschwungenen Bucht mit ihren vielen Stränden (zeitweise gefährliche Unterströmungen) und ebenso vielen neuen Hotelbauten besitzt gleichrangig Bedeutung als Pazifikhafen, den deutsche Siedler im 19. Jahrhundert ausbauten. Mazatlán ist berühmt für seinen Karneval und sein Aquarium, das größte Lateinamerikas. Lohnende Ausflüge zu den Vogelschutzgebieten der nahen Inseln.
Information: Avenida del Mar 1000.

Für die folgenden Orte siehe Karte Seite 122.

Zwischen Mazatlàn und Puerto Vallarta gibt es mehr als ein Dutzend besuchenswerter Strände, angefangen mit Novillero (37 km von Acaponeta), wo der unberührte Strand bis an den Horizont reicht. 55 Kilometer nördlich Tepics zweigt eine Straße (40 km) zur verschwiegenen Bucht Los Corchos ab, 30 Kilometer weiter zum Seebad San Blas (5500 Einw.), mit aufstrebender Hotellerie und weiten Stränden; an der Küstenstraße südlich Tepics: Las Varas (Bucht von Chacala), Peñita de Jaltemba und Rincón de Guayabitos.

Puerto Vallarta (100 000 Einw.), vor zwei Jahrzehnten noch ein kleines Fischerdorf, stieg inzwischen zu einem der beliebtesten Badeorte Mexikos auf. Die Stadt an der weiten Bahía de Banderas am Fuß der Vorberge der Sierra Madre bietet alles, was die elegante Welt sich im Urlaub wünscht, während die kleineren Orte der Umgebung sich weniger «feudal» geben. Fast ein Dutzend Strände stehen zur Wahl; eine zweistündige Bootsfahrt führt zur Badebucht Yelapa.
Information: Palacio Municipal, Juárez/Independencia.

Von hier sind es gute 280 Kilometer bis zum nächsten großen Seebad, Manzanillo. Die ersten 220 Kilometer führen durch eine dünn besiedelte tropische Buschlandschaft. Wo die Straße die Gebirgsausläufer der Sierra Madre überwinden muß, öffnen sich meist weite Blicke ins gebirgige Hinterland. Zahlreiche Abstecher zur Küste möglich, etwa zur Bucht von Chamela, dem Feriendorf Playa Blanca und dem Luxushotel «Plaza Careyes». Es folgen (insgesamt zwei Autostunden von Puerto Vallarta, eine bis Manzanillo) Tenacatita, La Manzanilla und Melanque, bereits an der weiten, offenen Bucht von Barra de Navidad. In diesen Städtchen finden sich Hotels aller Preislagen und prächtige Strände. Die Playa de Santiago, eine Halbinsel der Luxushotels und Feriendörfer, schirmt den Blick auf die lebhafte Hafenstadt

Manzanillo (55 000 Einw.) ab. Obgleich im Zentrum unorganisch gewachsen, eng und laut, haben seine Strände noch nichts von ihrer Anziehungskraft verloren.
Information: Juárez 111.
Ausflug ins Hinterland: 96 Kilometer landschaftlich interessante Fahrt sind es bis Colima, einer anmutigen Stadt, die ihren kolonialen Charakter weitgehend bewahrt hat. In der Universität besuchenswertes archäologisches Museum der Kulturen des Westens.
Information: Calle Hidalgo 75.

Auf den rund 730 Kilometern von Manzanillo bis Acapulco gibt es ebenfalls zahlreiche lohnende Badeplätze, die Brandung ist hier aber überall heftig. Noch unweit der Hafenstadt locken viele Kilometer Strand auf der Nehrung der Lagune Cuyutlán (auch kleines Seebad) zu sportlichen Unternehmungen. Es folgen El Paraiso und Tecuanillo. Die Badeorte Boca de Apiza und San Juan de Lima sowie der Strand von La Placita sind für einige Zeit die letzten Bademöglichkeiten, bis man sich dem Seebad Playa Azul nähert und an der Steilküste (schwache Brandung) bei Caleta de Campos und Las Peñas erneut Badebuchten findet. Der nächste touristisch gut erschlossene Punkt aber ist das unter staatlicher Regie errichtete luxuriöse
Ixtapa, 245 Kilometer nördlich Acapulcos. Mehrere Kilometer Strand (gefährliche Unterströmung), im Hintergrund unbebaute Hügelketten mit tropischer Vegetation, Lagunen und die vorgelagerte Isla Grande, dazu sämtliche Bequemlichkeiten der Zivilisation und unbegrenzte Sportmöglichkeiten machten Ixtapa rasch zum Ziel besonders zahlungskräftiger Gäste (Restaurants gibt es nur in den großen Hotels). In den Wintermonaten beherrschen Amerikaner und Europäer das Feld, die Sommersaison mit vorwiegend mexikanischen Gästen ist preisgünstiger.
Information: Pedro Asencios 5.

Das benachbarte
Zihuatanejo (30 000 Einw.) liegt an einer tiefer ins Land schwingenden Bucht und bietet dem weniger Anspruchsvollen mit seinem breiten Strand, der nahen Playa las Gatas (Schnorcheln, Tauchen) sowie der neunzig Bootsminuten entfernten Isla de los Pajaritos und den zahlreichen typisch mexikanischen Restaurants einen angenehmen Aufenthalt.

Auf den 240 Kilometern bis zum überdimensionierten, weltberühmten Acapulco gibt es für Badelustige, die die Einsamkeit suchen, noch manchen lohnenden Küstenhalt: Juluchuca (50 km), das Strandhotel und Restaurant Papanoa (100 km), Tetitlán, die Costa de Plata («Silberküste») bei El Zapote und schließlich El Carrizal.

Acapulco, das 1940 noch 8000 Einwohner zählte, hat heute etwa 900 000. Die berühmte «Perle des Pazifiks», 1550 gegründet, doch erst seit 1955 durch eine Schnellstraße mit dem Hochland verbunden, ist herangewachsen zu einer Großstadt mit zahllosen Hotelbauten, Nachtklubs, Luxusgeschäften, einem riesigen Kongreßzentrum und einem sehenswerten Aquarium. Entlang der fünf Kilometer langen Bucht drängen sich die Hochhäuser und Luxusetablissements, und an den Hängen kleben die einfachen Hütten der im Tourismus Beschäftigten. Verschönerungsbemühungen, die bis zur Umsiedlung gehen, sind im Gange, aber viele Mexikoreisende ziehen inzwischen ruhigere Orte vor. Dennoch: Umsonst wurde der Ort nicht weltberühmt, nicht umsonst kommt aus Acapulco noch immer ein Drittel der mexikanischen Deviseneinnahmen im Tourismus. Die verschiedenartigen Strände mit durchschnittlich 25 Grad Celsius Wassertemperatur faszinieren noch immer (ruhigere Wasser vormittags in Revolcadero, Caleta, Roqueta, Puerto Marqués, nachmittags höhere Brandung an der Caleta und Pie de la Cuesta – gefährliche Unterströmungen). Kreuzfahrten in der Bucht und Vergnügungen aller Art, wie zum Beispiel die mehrmals täglich von einer 38 Meter hohen Klippe in die nur fünf Meter breite Felsenbucht von La Quebrada herabfliegenden Springer, haben nach wie vor ihr Publikum. Eine Fahrt zur Laguna Tres Palos entlang der Carretera Escénica gewährt herrliche Blicke auf die Bucht von Acapulco und einen Eindruck von der paradiesischen Pflanzen- und Vogelwelt der Tropen. Vielleicht noch intensiver erlebt man diese von einem der Boote an der Laguna de Coyuca (hinter Pie de la Cuesta). *Information*: Costera Miguel Alemán 187.

Für die Orte am Golf von Tehuantepec siehe Karte Seite 138.

Auf der Straße 200 erreicht man nun erst nach 430 Kilometern durch wenig besiedeltes Tropengebiet wieder einen der aufstrebenden Badeorte an Mexikos Westküste: Puerto Escondido (5000 Einw.), dessen herrliche Strände wegen der hoch anrollenden Wellen vornehmlich ein Ziel der Surfer sind.

Ebenfalls im Kommen ist Puerto Angel (90 km südlich) an einer stark gegliederten Bucht in felsigem Gelände und mit herrlichem Strand. Die rund zweihundert Kilometer bis Salina Cruz (35 000 Einw.) führen durch eine einsame Küstenlandschaft mit zahlreichen verschwiegenen Badebuchten, ehe man den Marinestützpunkt und Ölhafen erreicht. Mit Ausnahme der Ventosa-Bucht, sechs Kilometer entfernt, scheint der acht Kilometer lange Strand der Stadt durch die zunehmende Wasserverschmutzung bedroht.

Mangrovenwälder, Lagunen, tropischer Regenwald im Küstenbereich und Kaffeeplantagen in den höheren Regionen prägen die Pazifikküste bis hinein nach Guatemala (etwa 415 km). Zwei Badeorte verdienen hier erwähnt zu werden: Puerto Arista (17 km von Tonalá) und Puerto Madero, nur noch 26 Kilometer von der Grenzstadt Tapachula entfernt.

Die Golfküste

Im Gegensatz zur Pazifikküste prägen die kürzere Küste am Golf von Mexiko (knapp 1300 km) Lagunen, Sümpfe, Sandbänke und in ihrem Mündungsgebiet «verwilderte» Flüsse – Naturgegebenheiten, die auch die Anlage von Häfen wenig begünstigten. Das Hinterland ist flach, eine sanfte, braune bis üppig grüne Landschaft, Grassavannen im trockeneren Norden, Palmen, Zuckerrohr- und Kakaoplantagen sowie Reisfelder im feuchttropischen Süden. Wo zwischen Tampico und Veracruz die Sierra Madre bis auf fünfzehn Kilometer an den Atlantik ausläuft, liegen an den Hängen über achthundert Meter die besten Kaffeeanbaugebiete Mexikos (Hauptzentren Jalapa, Córdoba). An den endlosen Stränden, die trotz der gewaltigen Ölförderung aus dem Meer hoffentlich unversehrt bleiben, finden sich vor allem mexikanische Gäste und kaum Luxushotels, dafür viele kleine Restaurants, die die Köstlichkeiten des Meeres auftischen.

Obgleich heute die Zahl der archäologischen Stätten an der Nordostküste verschwindend klein ist, entwickelte sich hier in präklassischer Zeit die Kultur der Olmeken. Die Darstellungsweisen dieser Urkultur des mesoamerikanischen Raums ließen sogar die Theorie einer afrikanischen Beeinflussung entstehen – und man kann sich ihr kaum entziehen, kennt man die Monumentalplastiken Jalapas oder des La-Venta-Parks in Villahermosa.

Von Brownsville (USA) her Einreisenden bietet die Grenzstadt Matamoros (180 000 Einw.) am Río Bravo in einem kleinen Museum einen ersten kulturellen Überblick, und die herrlichen Strände der Laguna Madre bei Barra Soto la Marina (170 km östlich von Ciudad Victoria) die erste Gelegenheit zum Baden und Fischen. Südlich des Wendekreises des Krebses liegen ausgedehnte Strände (Playa Altamira, Miramar) nahe der wichtigen Hafenstadt
Tampico (300 000 Einw.), die sich am Nordufer des Río Panuco ausdehnt; gute Fischrestaurants. Von kunsthistorischem Interesse ist

Dem internationalen Badetourismus dient die Golfküste nur im geringen Ausmaß. Wichtigstes Reiseziel ist El Tajín, das im Urwald versunkene Zentrum der Totonakenkultur, deren Zeugnisse heute unter großen, vor allem durch das regenreiche Klima bedingten Schwierigkeiten ausgegraben werden.

das Museo de la Cultura Huasteca in der nördlichen Trabantenstadt Ciudad Madero.

145 Kilometer westlich liegt Ciudad de Valles, ein wichtiger Verkehrsknotenpunkt mit mehreren Übernachtungsmöglichkeiten. Die Straße nach Süden (Fernziel Mexico City) führt durch eine grandiose tropische Gebirgslandschaft.

Alle nachfolgend genannten Küstenorte liegen nahe der bis an die Ostspitze von Yucatán führenden Straße 180. Tuxpán (80 000 Einw., 185 km südlich von Tampico) ist ein Fischerstädtchen mit weiten tropischen Stränden an der Barra de Tuxpán.

Zwanzig Kilometer von der modernen Industriestadt Poza Rica (200 000 Einw.) entfernt, liegt in Richtung Papantla die eindrucksvolle Ruinenstadt
El Tajín. Diese klassische Hochkultur erlebte ihre Blüte zwischen 100 und 900 n. Chr. Nach einer Zeit des Niedergangs um das Jahr 1000 unter dem Einfluß der Tolteken des Hochlands erfuhr sie eine Renaissance zwischen dem 11. und 13. Jahrhundert. Benachbart lebten Huaxteken wie Olmeken, so daß beide Völker die Kultur mitprägten. El Tajín («der Blitz») nannten die Totonaken die Nischenpyramide, die in einem riesigen Ruinenfeld von 95 Hektar liegt. Dichte tropische Vegetation überwuchert noch viele Bauten. Das eigentliche Zentrum – zwischen zwei Flußläufen – umfaßt Pyramiden und Plattformen, die um Plätze herum angeordnet sind. Treppen und Terrassen verbinden sie miteinander. Das besterhaltene Bauwerk ist die Nischenpyramide, achtzehn Meter hoch, auf quadratischem Grundriß. Sechs Terrassenstufen führen zur obersten Plattform mit dem flachen Tempel. Durch die horizontalen Nischenreihen unter den stark vorspringenden Gesimsen muß der Bau in der ursprünglich vielfarbigen Bemalung einen grandiosen Eindruck geboten haben. Je nach Zählweise kommt man auf 365,

Veracruz, Zócalo.

367 oder 347 Nischen (unsichtbare unter der Treppe nicht mitgezählt). Dies hat zu vielfältigen Spekulationen über astronomische Hintergründe der Bauform geführt.

Präkolumbische Tradition hat auch die Vorführung der sogenannten Voladores de Papantla (täglich gegen Mittag). Auf das Zeichen eines Tänzers, der in luftiger Höhe akrobatische Kunststücke aufführt und eine Trommel schlägt, lassen sich vier Tocotines («fliegende Menschen») von der Plattform eines etwa 32 Meter hohen Pfahls (früher Holz, heute Stahl) fallen. Langsam schweben sie kopfüber an den sich abwickelnden Seilen von der Spitze zum Erdboden. Diese Voladores bilden auch die Hauptattraktion der einwöchigen Fronleichnamsfeiern im hübschen Städtchen Papantla (Zentrum des Vanilleanbaus, gute einfache Unterkünfte).

Tecolutla (2000 Einw.), Badeort inmitten von Kokospalmen- und Pinienhainen. Der Strand senkt sich sanft ins Meer. – Nautla (5000 Einw.), Badeort mit zwei einfachen Hotels.

Von hier bis Veracruz ist der ganze Küstenstreifen (152 km) ein einziges Badeparadies: Helle, kilometerlange Sandstrände und eine faszinierend duftende, blütenreiche Vegetation; Unterkünfte gibt es jedoch außer dem Hotel an der Barra de Chachalacas vorläufig nicht.

Jalapa (auch Xalapa, 1430 m, 200 000 Einw., Luftlinie 50 km von der Küste), Hauptstadt des Staates Veracruz. Die Universitätsstadt mit ihren bunt bemalten Häusern und verschwenderischen Gärten hat kaum architektonische Sehenswürdigkeiten, aber herausragende Kunstschätze in einem neuen archäologischen Museum (auf dem Gelände der Universität). Seine sehenswerten Schätze aus der Olmeken-, Huaxteken- und Totonakenkultur sind teils in schlichten Rundbauten, teils im Freien ausgestellt. Jalapa liegt oft unter einer feuchten Nebeldecke, da sich die Wolken vom Golf hier stauen. An klaren Tagen jedoch bietet sich ein unvergleichlicher Blick auf den Schneegipfel des Pico de Orizaba (auch Citlaltépetl, «Berg der Sterne» genannt), mit 5747 Metern der höchste Berg Mexikos. Sehenswerter Botanischer Garten in Banderilla (7 km Richtung Puebla).

Sechzig Kilometer nördlich der Stadt Veracruz dehnt sich die Ruinenstadt

Zempoala im Urwald aus. Von ihr und ihrem Herrscher, dem «dikken Kaziken», berichten sogar die Chronisten der spanischen Eroberung. Die Ruinen der elf Tempelbezirke liegen neben dem heutigen Dorf und in den umliegenden Zuckerrohrfeldern verstreut. Wichtigste Gebäude sind der Haupttempel, daneben der Tempel der kleinen Gesichter und – im Dorf gelegen – der Tempel des Windgottes.

Zehn Kilometer südöstlich Zempoalas liegt das Fischerdorf La Antigua, der alte Hafen von Veracruz (1524–1589). Eine Kirche und die Ruine eines großen Kolonialhauses zeugen von der einstigen Bedeutung des Orts. In der Bucht vor Antigua verbrannte Cortés seine Schiffe, um den Eroberungszug unwiderruflich zu machen.

Veracruz (350 000 Einw.) ist die erste von den Spaniern nach ihrer Landung 1519 erbaute Stadt, wovon noch die Festung auf der kleinen Gallega-Insel im Hafen und die zahlreichen Kolonialhäuser künden. Als Hafenstadt lockt Veracruz trotz seiner Strände wenig zum Baden, aber die vorgelagerte, leicht zu erreichende Isla de los Sacrificios bietet gute Möglichkeiten, und am Südausgang der Stadt stößt man nach zehn Kilometern auf Strand und Hotel «Mocambo», später auf den kleinen Badeort Mandinga.
Information: Palacio Municipal, Zócalo.

Südöstlich Veracruz' durchfährt man auf der Küstenstraße, wie auf der Strecke ins Hinterland nach Tuxtepec und zum landschaftlich reizvollen Stausee Miguel Alemán, Zuckerrohrfelder und ein überaus fruchtbares Obstbaugebiet (Orangen, Mangos, Pomelos, Ananas, Avocados). Zur fruchtverarbeitenden Industrie kamen vor einigen Jahren auch die Bohrtürme der Ölkonzerne, jedoch liegen Welten zwischen den Orten am Río Papaloapán («Schmetterlingsfluß») und den tristen, aus dem Boden gestampften Ölstädten wie Coatzacoalcos (350 000 Einw.) und Minatitlán (200 000 Einw.) an der Küste.

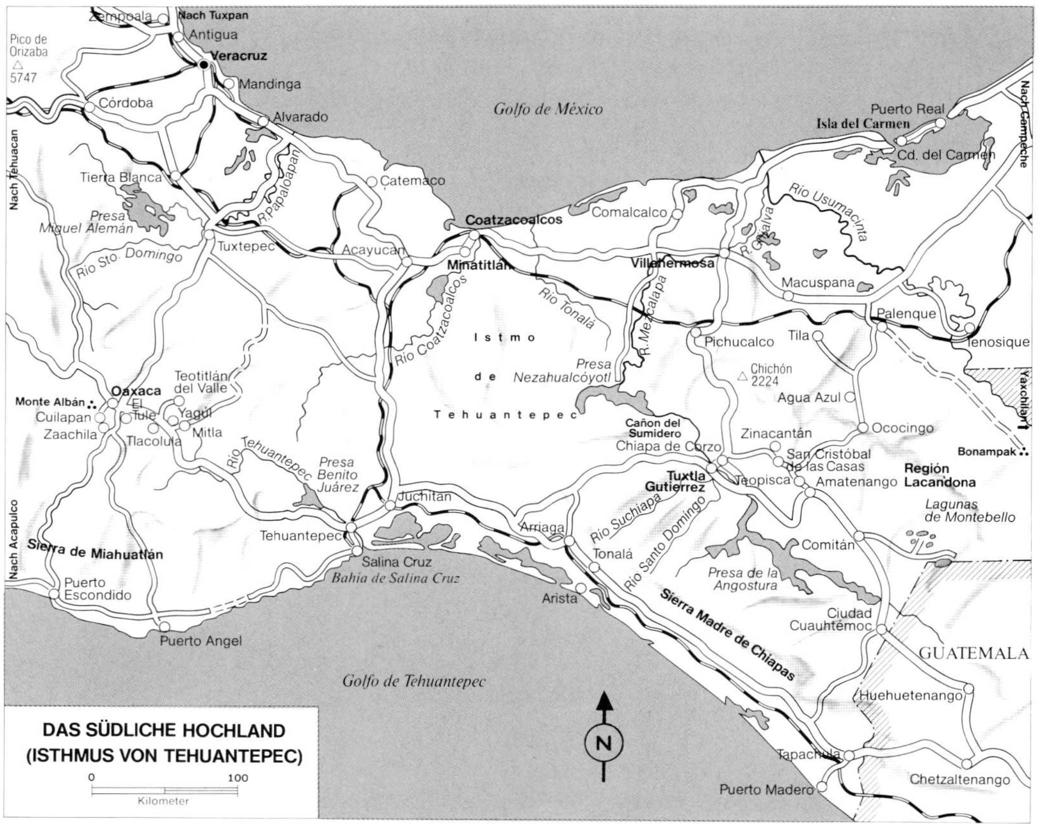

DAS SÜDLICHE HOCHLAND (ISTHMUS VON TEHUANTEPEC)

Villahermosa (250 000 Einw.). Zwei Sehenswürdigkeiten lohnen den Aufenthalt in der betriebsamen Hauptstadt des Bundesstaates Tabasco, der während der Regenzeit häufig unter den Überschwemmungen des Río Grijalva, Río Usumacinta und ihrer Nebenflüsse zu leiden hat. Südlich des Stadtzentrums, das durch Fußgängerzonen ansprechend gestaltet ist, liegt an der Uferpromenade das neue Centro de Investigaciónes de las Culturas Olmecas y Mayas mit seiner archäologischen Sammlung (unter anderem Handschriften, Kopien der Malereien von Bonampak). Rund dreißig großartige Basaltfiguren der Olmekenkultur sind in einer ihrem Fundort ähnlichen tropischen Umgebung im Freilichtmuseum Parque La Venta (Carretera Paralelo 18°, westlicher Stadtrand, mit dem Bus zu erreichen) aufgestellt. Die bis zu 2,70 Meter hohen Kolossalköpfe wiegen etwa achtzehn Tonnen; unerklärt ist bis heute der Transport des Basalts über hundertzwanzig Kilometer vom Steinbruch in das Sumpfgebiet von La Venta.
Information: Malecón/I. Zaragoza.

Bereits siebzig Kilometer entfernt (über eine durch Buschwald führende Nebenstraße, nördlich Comalcalcos) liegt das Seebad der Stadt, Paraiso, und mehrere kleine Strandorte, beispielsweise El Belloté und, jenseits der Laguna de Chapa, Chiltepec.

Die Ortsbeschreibungen für die östliche Golfküste finden sich im Kapitel «Yucatán», Seite 142 ff.

Das südliche Bergland

Drei Regionen von verschiedener landschaftlicher Gestalt umfaßt der Süden Mexikos: südlich der Balsas-Senke (Cuenca del Balsas) das kleingekammerte Bergland von Oaxaca (höchste Erhebung ist der Cempoaltépetl, 3400 m), heute meist mit Dornbuschsteppe bedeckt, den tropisch feuchten Isthmus von Tehuantepec und das Hochland von Chiapas, je nach Höhenlage von tropischem Regenwald oder Nadelwäldern europäischen Charakters bewachsen. Parallel zur pazifischen Küste erstrecken sich mehrere Gebirgskomplexe, die zusammenfassend Sierra Madre del Sur genannt werden. Sehr hohe und niederschlagsreiche Berge mit Nadelwäldern trennen die Ebene der Golfküste im Norden von den Beckenlandschaften Oaxacas. Sie bilden eine Klimabarriere – der östliche Abhang erhält den Regen, den westlichen kennzeichnet Trockenheit. Die kleinen Becken im Landesinnern sind im Winter und Sommer außergewöhnlich heiß.

Cortés, der 1521 das Gebiet um Oaxaca besetzte, wurde 1529 mit fruchtbaren Ländereien belehnt und zum Marqués del Valle de Oaxaca ernannt. Wirtschaftlich gilt der Staat heute als eine unterentwickelte Region Mexikos. Trockenheit, Überweidung und die Abholzung des noch vor dreihundert Jahren bestehenden dichten Waldes ließen erosionsgefährdete Kakteensteppen entstehen – sehr gut auf einer Fahrt zwischen Mexico City und Oaxaca zu beobachten. Viele Bewohner müssen bereits in wirtschaftlich erfolgreichere Gebiete Mexikos abwandern. Oaxaca hat als Staat den größten rein indianischen Bevölkerungsanteil des Landes. Die Vorfahren dieser Zapoteken- und Mixteken-Indianer hinterließen bemerkenswerte Zeugnisse ihrer Zivilisation: Monte Albán, Mitla, Yagúl. Ihre vielen Sprachen werden immer noch neben dem Spanischen gesprochen, und in der indianischen Tradition stehen das Kunsthandwerk (Töpferei, Schmuckfertigung und Weberei) sowie Sitten und Feste. Das berühmte «Lunes del Cerro»-Fest wird am ersten und zweiten Montag nach dem 16. Juli mit tanzenden Indiogruppen in vielen Orten gefeiert. In der Heimat der geschätzten wie umstrittenen Politiker Benito Juárez und Porfirio Díaz erwarten den Touristen überall Eindrücke des kolonialen und indianischen Mexiko, weitgehend unberührt von der Moderne.

Die Landenge von Tehuantepec bildet geographisch den Übergang zu Zentralamerika. Die natürliche Vegetation besteht aus Savannen, die heute zur Viehzucht genutzt werden. Bananen-, Baumwoll- und Kokosplantagen überziehen die riesigen, noch unbesiedelten Gebiete. Die beiden Häfen von Salina Cruz und Coatzacoalcos bilden die Endpunkte der Eisenbahn; sie sollen zu Containerhäfen ausgebaut werden und der Transamerikaroute wieder neue Bedeutung verleihen.

Schon zu Mittelamerika gehört Chiapas, dem es auch politisch bis 1820 angegliedert war. Wirtschaftlich steht hier seit dem 19. Jahrhundert der Kaffee- und Kakaoanbau an erster Stelle. Ein Großteil des mexikanischen Kaffees kommt hier aus Plantagen, die meist von kleinbäuerlichen Kooperativen oberhalb achthundert Meter bewirtschaftet werden. Viehzucht bestimmt das im Vergleich zu den regenreichen Ost- und Westflanken der Gebirgszüge trockene

Oaxaca, Museo de Arte Prehispanico.

Becken des Río Grijalva. Die Ansiedlung von Industrie und intensive Landwirtschaft wurden erst durch den Bau von Staudämmen und -becken an den Gebirgsflüssen und damit verbunden großen Bewässerungsanlagen vorangetrieben (Schwerpunkt Tuxtla Gutiérrez). Die zentrale Mesa de Chiapas um San Cristóbal ist mit Eichen- und Nadelwald bestanden und sehr dicht besiedelt. Viehzucht und Landwirtschaft sind trotz der großen Höhe (etwa 2500 m) möglich. Die Begegnung mit der indianischen Bevölkerung in den Dörfern um diese Stadt (siehe Seite 142) macht den Besuch zu einem unvergeßlichen Erlebnis; bisher gelang es ihr, sich dem Versuch der «Mexikanisierung» zu widersetzen und ihren einmaligen Charakter zu bewahren. Ähnliches gilt für die Lakandon-Indianer, die abgeschieden und weit verstreut im alten Kernland der Mayakultur leben – dem Waldtiefland des Petén, im Grenzland zur Halbinsel Yucatán.

Oaxaca

Oaxaca (1545 m, 240 000 Einw.) ist die Hauptstadt des gleichnamigen Bundesstaats, über fünfhundert Kilometer südlich von Mexico City. In dieser malerischen Provinzstadt, deren Bild viele Kolonialgebäude und -kirchen prägen, ist der Zócalo als solcher sehenswert. Hohe dunkle Bäume geben wohltuende Kühle, und in den Abendstunden bietet die Beobachtung der promenierenden Bewohner (dreimal wöchentlich bei Musik), unter die sich die Landbevölkerung mit ihren Waren mischt, ständige Unterhaltung. An der Südseite des Platzes steht das Regierungsgebäude (Palacio de Gobierno) im Kolonialstil, an der Nordseite die gedrungene Fassade der *Kathedrale* (erbaut 1544–1740). Im Innern der neuklassischen Basilika mit zwei Seitenschiffen sind die Glasmalereien sehenswert. Einige Blocks westlich (Avenida Independencia) liegt die Kirche *La Soledad* mit vielen Figuren an ihrer für die Stadt typischen gründgelben Sandsteinfassade, gebaut Ende des 17. Jahrhunderts. Beobachtung verdient die verschwenderisch mit Garderobe und Schmuck ausgestattete Figur der Schutzheiligen der Stadt, der «Virgen de la Soledad».

Museo de Arte Prehispanico/Rufino Tamayo (Calle Morelos 503). 1973 stiftete der Maler Rufino Tamayo seine Sammlung von rund zwölfhundert erstklassigen vorspanischen Stücken aus allen Kulturen seiner Vaterstadt. Die Sammlung ist in einem schönen Kolonialgebäude, dessen Räume sich um einen Innenhof gruppieren, vorbildlich untergebracht.

Herausragend in der Vielzahl der Kolonialkirchen Oaxacas ist *Santo Domingo* aus dem 16. Jahrhundert. Die Anlage des Dominikanerklosters gilt sogar als eine der prächtigsten in ganz Mexiko. Die reich skulptierte Kirchenfassade wie das in Blattgold und warmen Farben leuchtende Innere sind von großer Ausgewogenheit. Die Decke am Eingang zur Kirche überzieht ein schöner figurenbesetzter Weinstock, der den Stammbaum des Gründers des Dominikanerordens darstellt. Zwei weitere Kleinode von Santo Domingo sind der der heiligen Maria geweihte Rokokohochaltar und die Rosenkranzkapelle mit ihrer zartfarbenen Medaillondecke. – In den ehemaligen Klostergebäuden ist das
Museo Regional de Oaxaca untergebracht. Gezeigt werden schwerpunktmäßig ethnographische (Trachten, Volkskunst), historische und archäologische Sammlungen. Besonders sehenswert sind Funde vom Monte Albán. Die Schmuckstücke aus dem 1932 entdeckten Grab 7 der Mixtekenkultur (nach 1250) sind zum Teil aus sehr wertvollen Materialien und äußerst kunstvoll gearbeitet (Gold, Jade, Alabaster, Muschel- und Knochenschnitzereien).

Am Samstag ist in Oaxaca Markttag. Dann quillt das immer interessante Marktleben aus der alten Markthalle südlich des Zócalo, gleichwie der neue Markt südlich des Zweite-Klasse-Busbahnhofs dann einem kleinen Volksfest gleicht.
Information: Palacio de Gobierno, Zócalo.

Baum von Tule.

Ausflüge

Monte Albán. Die Zapoteken waren jenes Volk, das die klassische Kultur des Monte Albán mit seiner architektonisch einmaligen Anlage schuf. Schon in paläoindianischer Zeit waren die fruchtbaren Ebenen mit ihren vielen Höhlen in der Umgebung des Monte Albán besiedelt, gleichzeitig entstanden die ersten Gräber an den Berghängen. Die früheste künstlerische Periode, Monte Albán I (400–200 v. Chr.), weist einen stark olmekischen Einfluß auf. Bereits damals wurde die Idee verwirklicht, den Berg abzutragen, um einen 200 × 300 Meter großen Platz hoch über dem Tal zu schaffen, mehrere Gebäudegruppen begrenzen und gliedern ihn. Die Baumeister haben Felsstücke, die nicht planiert werden konnten, sogar geschickt «eingebaut». Zum Beispiel stammt das Gebäude der Danzantes (Tänzer) aus dieser Periode. Als Außenverkleidung dienten reliefierte Steinplatten, seltsam verzerrt sind die Gliedmaßen der dargestellten Menschen. Hier finden sich auch die ältesten Bildschriftzeichen dieser Region. Um 100 n. Chr. wurde das sogenannte Observatorium vor der Südplattform errichtet (Schriftzeichen an den Außenmauern), um den Berg herum in der Folgezeit zunehmend Acker- und Hausterrassen angelegt. Zwischen 500 und 700 n. Chr. erhielt das Kultzentrum sein heutiges Gesicht, ältere Bauwerke wurden umgebaut, Stufenpyramiden und Palastanlagen auf Terrassen errichtet, gewaltige Freitreppen zu den Plattformen geführt. In der Periode Monte Albán IV (700–1200 n. Chr.) haben die Zapoteken die Priester- und Götterstadt allmählich aufgegeben, ohne daß wir die Gründe dafür kennen. Nach 1250 nahmen die Mixteken die Gräber an den Abhängen des Berges in Besitz und bestatteten hier ihre Toten.

Sehenswert ist das Grab 104 mit der Tonurne des Maisgottes über dem Eingang. Im bereits erwähnten Grab 7 ist nur noch die leere Grabkammer zu sehen. Als die Azteken um 1490 Monte Albán eroberten, verfiel die Anlage endgültig.

Die folgenden Ausflugsziele liegen alle direkt oder nur wenige Kilometer entfernt von der Straße 190 Richtung Tehuantepec:

Baum von Tule (10 km); ein 40 Meter hoher, 2000 Jahre alter Sabinobaum von 42 Metern Umfang.

Kirche von Tlacochahuaya mit schönen naiven bunten Fresken von Vögeln, Blumen und Engeln (Abzweigung rechts bei Kilometer 18, auf 2,5 Kilometern schlechter Straße).

Dainzú, 20 km, Abzweigung rechts (1 km). Die kleine, erst seit 1970 ausgegrabene archäologische Zone liegt in besonders reizvoller Hügellandschaft und war in der Epoche Monte Albán I–V bewohnt.

Teotitlán del Valle, das Dorf der Sarape-Weber, Abzweigung links bei Kilometer 20,5.

Lambityeco (29 km), ebenfalls rechter Hand, wurde um 700 n. Chr. erbaut. Die Stätte enthält mehrere innen ausgemalte Gräber, Stuckskulpturen des zapotekischen Regengottes Cocijo und Friese, deren Figuren einst ebenfalls bemalt waren.

Tlacolula (32 km) mit seinem bunten Sonntagsmarkt und der herrlichen Capilla del Santo Cristo mit Silberaltar in der landesüblich weißgekalkten Pfarrkirche von 1647.

Yagúl, bei Kilometer 37 Abzweigung links (1 km). Die hochgelegene Zapoteken-Mixteken-Kultstätte aus dem Anfang des 6. Jahrhunderts hat den größten Ballspielplatz des Tales, und der Aufstieg zur sogenannten «Festung» lohnt der restaurierten Ausgrabungen und der herrlichen Aussicht wegen.

Mitla (43 km) war vielleicht einst die Totenstadt der Zapoteken und Mixteken. Fünf Gebäudekomplexe der großen archäologischen Zone sind ausgegraben; in den Innenmauern des einen steht heute eine Kirche. Nach Form und Ausschmückung sind sie völlig verschieden von allen anderen Ausgrabungen. Mitla entstand als das neue politische Zentrum etwa im 10. Jahrhundert, als Monte Albán aus ungeklärten Gründen aufgegeben wurde.

Monte Albán, «Danzantes» (links und rechts).

Mit äußerster Präzision sind kleine und dachziegelgroße Steine in sechzehn formalen Abwandlungen zu geometrischen Ornamenten gefügt oder aus einer Steinplatte herausgemeißelt worden, was einen interessanten Gegensatz zu den massigen, waagerechten, fensterlosen Mauern bildet. «Versteinerte Gewebe» hat man sie genannt. Am schönsten sind die des Korridors im Palast der Säulen.

In Mitla gab es nur die reine Geometrie, keine menschlichen Figuren oder mythologischen Symbole. Aber hunderttausend Steine wurden allein für das mäanderartige Mosaik im Säulenpalast bearbeitet. Neben dem Restaurant «La Sorpresa» befindet sich das sehenswerte Museo de Arte Zapoteca (Museo Frissell, zeitweilig geschlossen).

In eine andere Welt führt der Ausflug nach Cuilapan, zwölf Kilometer gegen Süden, wo auf einem Hügel neben dem Dörfchen die imposanten Ruinen eines massigen Klosters und seiner Basilika aus dem 16. Jahrhundert mit einem besonders schönen Taufstein stehen und Reste von schwarz-weißen Abendmahlsfresken in den Gängen zu sehen sind. In der Kirche befindet sich das Grab der letzten zum Christentum übergetretenen Zapotekenprinzessin.

Rund um Oaxaca finden sich noch zahlreiche Ortschaften, deren Märkte, Feste und Erzeugnisse sehenswert sind: Santa María Atzompa (10 km, grünglasierte Töpfereien); San Bartolo Coyotepec (15 km, typische schwarze Keramik); Ocotlán (Keramik und Freitagsmarkt); Zaachila (18 km), die letzte Hauptstadt der Zapoteken (Gräber, Gebäudereste).

Hundertzehn Kilometer entfernt auf der Straße 190 Richtung Mexico City liegt das festungsartige große Dominikanerkloster Yanhuitlán (16. Jh.) mit schönem Marmoraltar und Holzschnitzarbeit in der Kirche sowie kleinem Museum. Nach weiteren fünfzehn Kilometern in Teposcolula Abzweig zur dreizehn Kilometer entfernten «Offenen Kapelle» von San Pedro y San Pablo Teposcolula, einem der schönsten Beispiele des mexikanischen Kirchenbaus im 16. Jahrhundert.

Zweihundertfünfzig Kilometer landschaftlich großartige Fahrt liegen zwischen Oaxaca in sechzehnhundert Metern Höhe und der Landenge von Tehuantepec. Nur zweihundertfünfzig Kilometer trennen hier Atlantik und Pazifik.

Tehuantepec (150 m, 25 000 Einw.). Besonders auf dem Hauptplatz bietet die touristisch unbedeutende Stadt an Festtagen (Ostern, den Fiestas im Januar und Februar) ein buntes Bild der Zapoteken-Indianer, die in dieser Gegend leben.

Folgt man der Carretera Panamericana nach Osten, so erreicht man 300 Kilometer weiter die Hauptstadt des Staates Chiapas, **Tuxtla Gutiérrez** (522 m, 200 000 Einw.). Die moderne Stadt besitzt wegen ihrer nüchternen Atmosphäre keinerlei Anziehungskraft, sieht man einmal von den Ausflugszielen und einigen Sehenswürdigkeiten ab; ein archäologisches und ethnologisches Museum (5 a. Norte Oriente), ein Zoo (im Osten der Stadt) und ein lebhafter Markt mit reichem Angebot an Volkskunst.

Die eigentliche Attraktion ist jedoch fünfundzwanzig Kilometer nördlich Tuxtlas der Cañón del Sumidero, eine Schlucht des Río Grijalva, dessen Steilhänge schwindelerregende tausend Meter zum Flußbett abfallen. Unzählige Wasserfälle sprudeln zur Regenzeit aus Felshöhlen, die ehemalige Niveaus des Flußbettes markieren. – Westlich Tuxtlas zweigt eine Straße zum vierzig Kilometer entfernten Staudamm und -see bei Chicoasén ab, ebenfalls am Río Grijalva gelegen. Schöner Blick vom Mirador.
Information: Blvd. Belisario Domínguez 950.

Nur zwanzig Kilometer Richtung San Cristóbal liegt Chiapa de Corzo (12 000 Einw.). Die kleine Kolonialstadt besitzt einen bekannten, maurisch angehauchten Brunnenbau aus dem 16. Jahrhundert und am selben Platz das Museo de Laca (Museum der Lackarbeiten), das besonders schöne Stück einer Volkskunst zeigt, die hier wie in verschiedenen anderen Bundesstaaten (Jalisco, Guerrero) gepflegt wird. Lackierte Kalebassen sind besonders typisch für die Gegend. Im Ortszentrum sehenswert die Pfarrkirche Santo Domingo (16. Jh.).

Langwierig und kurvenreich sind die 85 Kilometer bis **San Cristóbal de las Casas** (2100 m, 90000 Einw.). 1528 wurde die schöne Stadt von Diego de Mazariego gegründet, benannt ist sie nach dem Bischof Bartolomé de las Casas, der die Indianer vor der Ausbeutung und Unterdrückung durch die spanischen Großgrundbesitzer zu schützen suchte. Charakteristisch im Stadtbild sind die einstöckigen Häuser, um einen Innenhof gebaut und mit langen Arkaden als Straßenfront. Zahlreiche koloniale Kirchen (meist 18. Jh.) lohnen den Besuch: Santo Domingo, El Carmen, La Caridad. Von der Guadalupe-Kirche hat man einen schönen Ausblick über die ganze Stadt. Im Haus des Archäologen Frans Blom, Na Bolom («Haus des Jaguars», Vicente Gurerero 33), das heute von seiner Frau als Studienzentrum geführt wird, ist ein gutes lokales Museum eingerichtet (Di–So 16.00–17.30 Uhr).

Täglich findet nahe der Kirche Santo Domingo ein bunter Markt statt, zu dem die Maya-Indianer (wie die Chamulas und Zinacantecos) kommen, kaufen, verkaufen und tauschen. Obgleich der Anblick der Indios in ihren farbenprächtigen Trachten den Besucher in einen wahren Fotografierrausch versetzen wird, darf man die Angst der Menschen vor der Kamera nicht übergehen! In den Klostergebäuden von Santo Domingo gute Verkaufsausstellung staatlich geförderter Kunsthandwerkskooperativen.

Selbst wenn man nur wenig Zeit in San Cristóbal hat, sollte man zu einem der Dörfer der Hochlandmaya fahren. Die Bewohner dieser Orte sind Touristen gegenüber nicht immer freundlich eingestellt! Zurückhaltung wird erwartet, und es darf nicht überall fotografiert werden, keinesfalls in Kirchen. In Zinacantán tragen die Männer lange helle Hemden, bunte Bänder flattern von den flachen Strohhüten der Junggesellen. Kunstvoll drapieren die Frauen von Chamula blaue Wolltücher auf dem Kopf, die Männer tragen weiße Ponchos über halblangen Hosen. In die Nicht-Dorfbewohnern lange verschlossene Kirche gelangt man nur mit einer im Rathaus käuflichen Genehmigung. Will man traditionelle Webereien kaufen, so bietet sich hier eine gute Gelegenheit. Nicht weniger interessant sind Amatenango del Valle und Tenajapa, zwei Dörfer der Tzeltal-Indianer.

Die Wasserfälle von Agua Azul (Richtung Ococingo) können als Tagesausflug besucht werden, die Seenplatte der Lagunas de Montebello (Nationalpark) ist eher als Zwischenstopp auf dem Weg nach Ciudad Cuauhtémoc geeignet (Busse nach Comitán). Am Lago Tziscao endet vorläufig die Straße.

Östlich San Cristóbals liegt das Land der Lakandonen, Nachkommen der Maya. Bis im 19. Jahrhundert die Holzgesellschaften die sogenannte Selva Lacandona entdeckten, lebten sie unbehelligt von Konquistadoren und Missionaren im dichten Urwald. Nun war der Mahagonibaum (Caoba) Anreiz für die Ausbeutung eines riesigen Gebiets und seiner Bewohner geworden. Eindrucksvoll schildert B. Traven, der in den zwanziger Jahren das Gebiet um San Cristóbal bereiste, das traurige Los der Lakandonen und der benachbarten Chamulas in seinen Romanen. Diese Indianerstämme hatten vollkommen angepaßt an die Natur von primitivem Ackerbau und der Jagd gelebt. Heute ist ihre Gesellschaft im Kontakt mit der Zivilisation einer starken Wandlung unterworfen, die nicht zuletzt mit der Preisgabe der alten Sonnenheiligtümer Yaxchilán und Bonampak begann.

Von San Cristóbal führt eine landschaftlich ungemein schöne, wenn auch sehr strapaziöse Strecke (210 km) über Ococingo nach Palenque. Dem Reisenden offenbart sich dabei beispielhaft die Änderung der Pflanzen- und Tierwelt vom kühlen Hochland ins tropisch heiße Tiefland von Tabasco. Bis auf wenige kurze Abschnitte ist die Straße durchgehend geteert, doch sind Erdrutsche, die den Verkehr blockieren, in der Regenzeit keine Seltenheit. Sieben bis neun Stunden brauchen die Zweite-Klasse-Busse. Immer wieder nehmen sie Indios auf freier Strecke auf, halten später auf Handzeichen hin an offensichtlich unmarkierten Punkten, die Indios steigen aus und sind nach wenigen Schritten mit ihrer Machete im Urwald verschwunden.

Palenque. Diese großartige Zeremonialstätte liegt versteckt in einer Hügelzone der feuchtheißen Golfküstenebene. Ihre Bauten gehören in die spätklassische Zeit (600–900 n. Chr.). Vor kaum hundertfünfzig Jahren wurden sie von John L. Stephens und seinem Zeichner F. Catherwood wiederentdeckt. Vor einer dunkelgrünen Kulisse riesiger Urwaldbäume liegen die restaurierten Gebäude, ein herrlicher Blick öffnet sich auf die vorgelagerte Ebene. Das Bebauungsgebiet dürfte sechs bis acht Kilometer lang gewesen sein, nur 1000 × 600 Meter sind heute ausgegraben. Die unsachgemäßen Methoden der Freilegung seitens der Entdecker – sie legten einfach Feuer, um den Wald zu beseitigen – haben allerdings viele der herrlichen Stuckverkleidungen unwiederbringlich zerstört.

Mittelpunkt der Anlage, durch die sich ein Kanalsystem zieht, ist der sogenannte Palast. Um seinen Turm, dessen Zweck nicht geklärt ist (Wachturm, astronomischer Turm oder bloßer Aussichtsturm), drängt sich ein zweigeschossiger verschachtelter Komplex aus Höfen, Galerien und Innenräumen, geschmückt mit Stein- und Stuckreliefs. Im Tempel der Inschriften (Templo de los Inscripciónes) entdeckte 1952 der mexikanische Archäologe Alberto Ruz Lhuillier in der obersten Plattform einen Gang, der nach unten führt. Am Ende einer langen Treppe fand man eine Grabkrypta mit einem steinernen Sarkophag, in dem ein Priesterkönig mit kostbaren Beigaben aus Jade beigesetzt war – eine Seltenheit in der mesoamerikanischen Pyramidenarchitektur (Nachbildung im Anthropologischen Museum Mexico City). Jenseits des Bachs liegen der Sonnentempel, der Kreuz- und der Laubkreuztempel, alle mit schönen Reliefs ausgestattet, die Priester oder Würdenträger zeigen. Die Künstler von Palenque waren Meister in der Darstellung der menschlichen Gestalt in Steinrelief oder in Stuck, immer vielfarbig bemalt. Masken, Stelen, Relief- und Glyphenplatten im Museum.

Yaxchilán und **Bonampak,** wie Palenque Ruinenorte der klassischen Mayazeit (450–900 n. Chr.), werden meist als Tagesausflug von Villahermosa, San Cristóbal oder Tuxtla Gutiérrez aus angeboten. Nur mit robusten Autos sollte man die Fahrt auf der Straße von Palenque nach Bonampak wagen. An beiden Orten gibt es keine Unterkunftsmöglichkeiten.

Am Grenzfluß zu Guatemala, dem Río Usumacinta, liegt Yaxchilán. Die im Dämmerlicht des tropischen Urwalds versteckte Stadt (erst 1946 entdeckt) zeichnet sich durch architektonische Formenfülle (Pyramiden, Paläste, Galerien, Höfe, Plattformen) und im Detail durch die kunstvoll bearbeiteten Steine der Türstürze aus. Die gedrungenen Gebäude wirken hoch, weil die rein dekorative Crestería (Dachkämme) den Gebäuden ihre Massigkeit nimmt.

Auch Bonampak beeindruckt durch seine Lage im hügeligen Urwaldgebiet, hat aber nur wenige Sakralbauten (schöne Treppen!), und die berühmten Fresken sind längst verblaßt. Sie studiert man besser in der sorgsamen Kopie im Anthropologischen Museum von Mexico City bzw. im Kulturzentrum von Villahermosa.

Yucatán

Die Halbinsel ist ein «Muß» für Mexikobesucher. Die Straße von Mexico City über Villahermosa, dem Tor Yucatáns, befindet sich in

Palenque. Links: Galerie des Palastes. Rechts: Sarkophag des Priesterkönigs.

ausgezeichnetem Zustand. Bequeme Flugverbindungen und sogar eine passable Bahnlinie verbinden Mérida, die Hauptstadt, mit dem zentralen Hochland. Ebenso wurde das Landesinnere gut mit Straßen erschlossen. Als Alternative zur Straße 186/261 Villahermosa – Campeche kann die Route an der Küste empfohlen werden, sie wird durch Fährpassagen unterbrochen, doch entschädigt der Blick auf palmengesäumte Strände für die längere Fahrtdauer.

Die flache Halbinsel Yucatán bedeckt dichter Strauchwald im Nordwesten, der im Südosten in Regenwald übergeht. Darunter liegen Kalksteinschichten, in denen das Grund- und Sickerwasser große unterirdische Höhlen ausgewaschen hat. An manchen Stellen ist die Decke darüber eingebrochen, sind tiefe Becken entstanden, die im unteren Teil mit Wasser gefüllt sind (Cenotes). Daraus deckt die Bevölkerung ihren Wasserbedarf. Die mühsame Arbeit der Schöpfer übernehmen heute meist Windpumpen, die das Landschaftsbild wesentlich mitbestimmen. Ebenso findet man viele Ortsnamen, die auf die Silbe -chen enden, was soviel wie Brunnen bedeutet.

Mestizen und Nachkommen der Maya-Urbewohner bilden die Bevölkerung. Stolz nennen sie sich Yukateken, nicht Mexikaner. Die Maya sind kleiner, stämmiger und haben großfläche, sanfte Gesichter. Eine Augenweide ist ihre traditionelle Kleidung, die in den kleinen Siedlungen noch viel getragen wird: weiße Hemden und Hosen für die Männer und die oft reich und sehr farbenfreudig bestickten weißen Huipiles (hemdartige Kleider) für die Frauen.

Ihre Ahnen erbauten eine Vielzahl von Städten und Zeremonialanlagen – man spricht von elfhundert –, die zum allergrößten Teil noch im dichten Urwald verborgen liegen. Im 9. Jahrhundert unserer Zeitrechnung eroberten toltekische Stämme des zentralen Hochlandes die Städte der klassischen Mayakultur. Diese toltekischen Umbauten sind es, die wir heute in den großen Ruinenorten sehen. Jede dieser Städte war politisch eigenständig, untereinander lagen sie in ständigen Fehden. Diese Spannungen nutzten die Spanier geschickt zur Eroberung des Landes aus. Allerdings war damals die Halbinsel fast entvölkert, die großen Städte verlassen. Die weit verstreut lebende Bevölkerung konnte über Jahrhunderte kaum kontrolliert werden, noch 1847 gab es einen blutigen Aufstand der Maya, der sich gegen die grausamen Arbeitsbedingungen auf den Henequén-(Sisal-)Plantagen richtete. Der Export von Sisal und Kautschuk war die Haupteinnahmequelle der Halbinsel. Beide Produkte haben synthetische Substitute gefunden, der Handel geht zurück – wie die vielen verwilderten Sisalfelder beweisen.

Verwaltungsrechtlich besteht die Hauptinsel aus den drei Bundesstaaten Campeche, Yucatán und Quintana Roo.

Mérida (360 000 Einw.) wurde erst 1542 von den Spaniern auf den Ruinen einer Mayastadt gegründet. Die Stadt ist das Handelszentrum für die vielfältigen landwirtschaftlichen Produkte der Halbinsel und hat – «weiße Stadt» genannt – den Charme der einst sehr wohlhabenden Provinzstadt.

Orientierungshinweis: Die Straßen tragen nicht Namen, sondern Nummern (gerade Zahlen für ostwestlich, ungerade für nordsüdlich verlaufende Straßen).

Nur wenige Sehenswürdigkeiten sind zu nennen; der parkartige, von Kolonnaden umgebene Hauptplatz (Plaza Mayor/de la Independencia, im Karree der Straßen 60-62-61-63); an seiner Ostseite die Kathedrale von 1595 mit schöner ausgewogener Fassade; an der Südseite das einzige wirklich sehenswerte der zahlreichen Kolonialhäuser, die Casa Montejo mit einer eindrucksvollen plateresken Fassade, vom Sohn des Eroberers der Halbinsel im Jahr 1549 erbaut.

Außerhalb des Zentrums, am Paseo Montejo Nr. 485 (nördlich Calle 43, zwischen Calle 56 und 58) ist im Palacio Cantón das Archäologische Museum mit einer sehenswerten Sammlung von Maya-Kunstwerken untergebracht (8.00–20.00 Uhr).

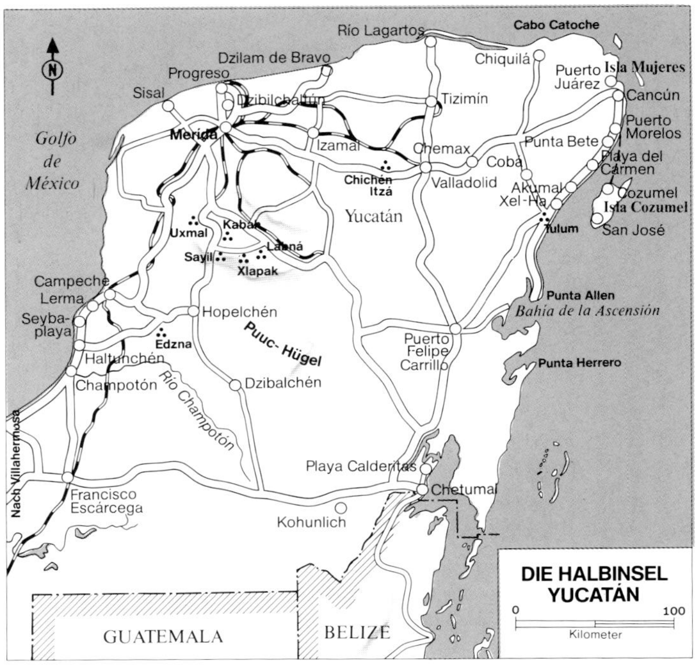

Schließlich lohnt ein Stadt- und Marktbummel wegen der entspannten Atmosphäre und der vielen yukatekischen Produkte, die schöne Mitbringsel sind: gestickte Blusen (für Männer Guayabera genannt), Korallen- und Muschelschmuck sowie Hängematten (Hamacas) in allen Farben und Größen. Im übrigen ist die Stadt ideal für Ausflüge zu den Mayaruinen der Umgebung.
Information: Itzáes 590/Calle 59.

Ausflüge

Von Mérida werden Busrundreisen ohne Führer nach Kabah, Sayil, Xlapak, Labná und Uxmal angeboten. Der Aufenthalt an den einzelnen Stätten ist allerdings knapp bemessen.

Uxmal, achtzig Kilometer von Mérida, Richtung Campeche gelegen, ist – einheitlicher als Chichen Itzá – vorwiegend im Puucstil der klassischen Mayaperiode (7.–10. Jh.) erbaut. Auf toltekischen Einfluß weist einzig die häufige Verwendung des Schlangenornaments hin. Auch diese Zone wurde erst ab 1930 ausgegraben. Der Besucher steht zunächst vor der auf ovalem Grundriß (sehr selten!) errichteten, 38 Meter hohen Pyramide des Wahrsagers, in der sich fünf überbaute Tempel befinden. Der großartige, elegante Bau des fast hundert Meter langen und acht Meter hohen Gouverneurspalastes liegt südlich erhöht auf einer Terrasse und ist über seinen glatten Mauern mit geometrischen wie figürlichen Dachfriesen geschmückt. Geschickt werden die langen Fronten durch den typischen Mayabogen aufgelockert. Daneben steht ein mit Schildkrötenplastiken am oberen Gesims verzierter kleiner, in seinen ausgewogenen Proportionen an einen griechischen Tempel erinnernder Bau. Das sogenannte Taubenhaus (Palomar) liegt westlich des Gouverneurspalastes. Sein Name leitet sich von der gezackten Dachkonstruktion her. Der Palast ist um einen Innenhof angelegt und erst teilweise ausgegraben. Ebenso beeindruckt der Riesenkomplex des Nonnenklosters, vier langgestreckte Gebäude um einen trapezförmigen Innenhof gegenüber der ovalen Pyramide. Im warmen Abendlicht tritt der Reliefschmuck besonders plastisch hervor: geometrische «Steinnetze», stilisierte Regengottsymbole, «Gefiederte Schlangen» und Miniaturhäuser. Uxmal zeigt sich am frühen Morgen und späten Nachmittag von seiner schönsten Seite.

Kabah, zwanzig Kilometer von Uxmal, Richtung Campeche, ist nur zu einem kleinen Teil ausgegraben, aber das Codsz-Poop-Gebäude und seine Fassade aus zweihundertfünfzig rüsselbewehrten Regengottmasken ist äußerst eindrucksvoll; das auf der anderen Seite der Straße liegende Zeremonialtor läßt etwas von der Bedeutung der einst zweitwichtigsten Mayastadt ahnen. Hier begann eine fünfzehn Kilometer lange gepflasterte Straße nach Uxmal.

Sayil überrascht durch seinen auf drei Ebenen errichteten vielsäuligen Palast aus ockerfarbenem Gestein, von dessen Höhe aus man einen schönen Rundblick genießt. Das Gebäude ist etwa fünfundachtzig Meter lang und mit zahlreichen Regengottmasken geschmückt. Es wirkt durch die ausgeglichenen Proportionen trotz seiner Größe leicht und elegant.

In Xlapak (5 km weiter) ist nur ein einziger Bau ausgegraben: der Palast, an dessen Front abermals Regengottmasken das wichtigste Ornament darstellen. Interessanter noch sind die um 1930 restaurierten Bauten von

Labná (zehn Kilometer von Xlapak). Berühmt wurde als Meisterwerk der Maya-Architektur der mit Ornamenten übersäte «Triumphbogen», der einst das Ende der Zeremonialstraße nach Kabah bildete. Die vielfältige Steinmosaikarbeit der Baumeister verdient die nähere Betrachtung. Ebenso beeindrucken Höhe und Ausdehnung der übrigen, nur teilweise freigelegten Gebäude sowie die weitläufige Palastanlage.

Dzibilchaltún, eine nur wenig ausgegrabene frühe Mayastadt, kann von Mérida aus in einem Halbtagesausflug besichtigt werden: Abzweigung nach fünfzehn Kilometern von der Straße nach Progreso, noch sechs Kilometer bis zum Ziel. Die etwa um 1600 v. Chr. gegründete, sehr ausgedehnte Stadt war bis in spätklassische Zeit bewohnt. Der Templo de los siete muñecas (Tempel der sieben Puppen) ist das einzige bekannte Mayabauwerk, das Fenster aufweist. Im Cenote wurden Tausende von Opfergaben, vor allem Keramik, gefunden.

Chichén Itzá liegt hundertzwanzig Kilometer östlich Méridas. Die große Mayastadt wurde gegen Ende des 5. Jahrhunderts gegründet und vom 7. bis 10. Jahrhundert im Puucstil ausgebaut. Nach der Übernahme durch die aus Tula geflüchteten Tolteken erlebte die Stadt ihre große Blüte.

Nur etwa fünfundzwanzig Bauten von den Hunderten, die der Dschungel überwucherte, wurden ab 1923 freigelegt und zum Teil restauriert. Alle sind großzügig konzipiert und entweder mit kunstvollen Steinmosaiken (Südgruppe, Mayazeit) oder reich mit Reliefs (Nordgruppe, toltekische Prachtbauten) geschmückt.

Der Kukulcantempel (El Castillo) ist ein steinernes Abbild der toltekischen Himmelsvorstellung: neun Terrassen (neun Himmel), vier Treppen (vier Himmelsrichtungen) von 45 Grad Steigung, die zusammen 364 Stufen (so oft muß die Sonne im Jahr das Himmelsgewölbe ersteigen) haben. Im Innern der darunter befindlichen älteren Pyramide steht der rote Jaguarthron.

Fast völlig wiederhergestellt ist ferner der riesige Ballspielplatz mit seinem kühnen Jaguartempel, dessen phantasievolle Fassade einen Höhepunkt toltekischer Bildhauerkunst darstellt. Im kreisrunden heiligen Cenote, von dem die religiöse Anziehungskraft und Bedeutung der Stadt ausging, fand man kostbare Opfergaben, Schmuck und Skelette der wahrscheinlich dem Regengott geopferten Menschen.

Eine halbe Stunde Fußweg entfernt, im Urwald verborgen, liegt Chichén viejo (das alte Chichén) mit mehreren Mayatempeln.

Yucatán-Rundfahrt

Als klassische Yucatán-Rundreise gilt – unter Einschluß von Mérida und den archäologischen Stätten seiner Umgebung – die Strecke entlang der Golfküste von *Ciudad del Carmen* bis zur guatemaltekischen Grenze bei *Chetumal*; von dort über *Kohunlich* zurück nach *Francisco Escárcega*.

Ciudad del Carmen (50 000 Einw.). Der Weg in die Hauptstadt der Isla del Carmen, die wie eine Spange die Laguna de Terminos zum Meer hin abgrenzt, führt von Villahermosa nach Norden, vorbei am Seebad Miramar und durch das sumpfige Mündungsgebiet der

Flüsse Río Grijalva und Río Usumacinta (Fähre von Zacatal). In Ciudad del Carmen finden sich zahllose Fisch- und Krabbenrestaurants, da hier das Zentrum der Krabbenfischerei ist. Dieser Erwerbszweig sowie die herrlichen Strände zum Meer hin sind jedoch durch den hohen Schadstoffausstoß der nahen petrochemischen Industrie und die Erdölbeförderung im Golf gefährdet.

Wieder auf dem Festland, verläuft die Straße 180 über Champotón (30 000 Einw.) bis Campeche immer entlang dem Meer, aber erst auf den letzten fünfunddreißig der insgesamt hundertsiebzig Kilometer finden sich einige Badeorte, am bekanntesten Seybaplaya, Lerma und Si-Ho-Playa (mit großem Hotel).

Von Haltunchen führt die Straße nach

Edzná, das auch von Campeche aus besucht werden kann. Besonders sehenswert in der gut fünf Quadratkilometer großen archäologischen Zone – nur wenige Mayabauwerke wurden bisher freigelegt – sind die Plaza Central und an ihrer Ostseite die fünfstufige Hauptpyramide auf quadratischem Grundriß. Sie schmücken Galerien und ein schön proportionierter Tempel auf der obersten Plattform. Auf einer Stele fand sich eine unserem Jahr 672 n. Chr. entsprechende Jahreszahl der Maya.

Campeche (120 000 Einw.) ist die Hauptstadt des gleichnamigen Bundesstaates. In dieser Bucht landeten bereits 1517 die Spanier. Sie hielten Yucatán für eine Insel im Weltmeer. Die Stadtmauern und Forts wurden im 17./18. Jahrhundert gegen Piratenüberfälle erbaut, denn in Campeche wurde Silber für die Verschiffung nach Europa gehortet. Ein archäologisches Museum zeigt sehr schöne Kleinstatuetten von der Toteninsel Jaina.

Information: An der Strandpromenade.

Ein letzter beliebter Badestrand am Golf ist Progreso, fünfunddreißig Kilometer nördlich Méridas (gute Hotels und Restaurants). Der Küstenabschnitt zwischen Progreso und Puerto Juárez ist weder von kulturellem Interesse noch als Erholungsgebiet erschlossen. Die folgenden Orte an oder nahe der karibischen Küste erreicht man von der Straße 307 (Puerto Juárez – Chetumal; regelmäßiger Busverkehr). Die Strände sind hier oft felsig, das Wasser fischreich und kristallklar.

Isla Mujeres. Verglichen mit den weltbekannten mexikanischen Badeorten, ist ein Aufenthalt auf der landschaftlich reizvollen Insel am östlichsten Punkt Mexikos noch immer ruhig und preiswert. Mofas und Fahrräder stehen für Inselausflüge bereit. Flache Strände ziehen sich um das nordwestliche Ende, während bei Garrafón an der Südspitze bunte tropische Fische ein Korallenriff bevölkern. Ebenso interessant ist an der Westseite das Reservat für Wasserschildkröten (Tortugas) oder ein Bootausflug zur Naturschutz-Insel Contoy.

Cancún, dieser Inbegriff eines mondänen karibischen Badeparadieses, entstand innerhalb weniger Jahre im Rahmen eines großen staatlichen Tourismusprojekts. Die rund dreißig Hotels und Appartementkomplexe liegen auf einer schmalen Landzunge (einst eine Insel) nahe Puerto Juárez, das türkisfarbene Meer im Osten, tief grünblaue Lagunen im Westen. Auf dem zauberhaften, noch vor wenigen Jahren unberührten Landstrich sorgte man für alle Annehmlichkeiten der modernen Zivilisation in Luxusausführung: ein internationaler Flugplatz, das exquisit sortierte Geschäftszentrum, erstklassige Restaurants, auch architektonisch interessante Kongreßbauten und jegliche Sportmöglichkeiten, seien es Golf, Tennis oder Wasserski in den Lagunen Nichupté und Bojórquez oder Hochseefischerei und Tauchen in der Karibik. Die zugehörige Stadt (etwa 100 000 Einw.) liegt auf dem Festland. Ausflüge zu allen Punkten der Umgebung mit Bus oder Leihwagen; Boote nach Cozumel und Isla Mujeres.

Information: Centro Comercial, Avenida Tulúm.

Isla Cozumel liegt ungefähr zwanzig Kilometer vor der Küste und ist trotz der Konkurrenz von Cancún noch immer eins der beliebtesten Ferienziele der eleganten Welt. Abseits der großen Hotels findet man auf der Insel noch Dschungellandschaft; im klaren ruhigeren Wasser auf der Festlandseite zeigen sich unvergleichlich schöne Pflanzen und Tiere, vor allem dort, wo sie sich vom hellen Korallensand des Meeresbodens abheben. Ideale Badeplätze sind die Playa San Francisco und im Inselinnern die Lagunen Ciega und Chan Kanab. Reitmöglichkeiten, Fahrradverleih.

Information: Nahe dem Pier.

Weiter südlich (Entfernungsangaben ab Puerto Juárez) liegen verschiedene Ferienparadiese für Individualisten, etwa Puerto Morelos (36 km); Punta Bete (62 km); Playa del Carmen (68 km) mit seinem schönen Strand, besonders geeignet als Standquartier; schließlich die «Posada Pamul» wenige Kilometer weiter. Nach rund hundertzehn Kilometern erreicht man Akumal, ein elegantes Hoteldorf an einem kilometerlangen Strand. Xel-Ha, eine paradiesische Lagune in den Korallenbänken bei Kilometer 115, darf kein Schnorchler oder Taucher unbesucht lassen.

Tulum (130 km). Die in herrlicher Lage auf den Kliffs über dem Karibischen Meer erbaute Maya-Festungsstadt war bis zur Landung der Spanier ein Jahrtausend bewohnt. Die massigen Gebäude innerhalb der imposanten Stadtmauern sind mit Reliefs einer herabstürzenden Gottheit und Fresken geschmückt. An den jüngeren Bauteilen ist auch hier toltekischer Einfluß (Rundsäulen!) spürbar. Badegelegenheit in einer kleinen Bucht.

Cobá liegt von Tulum aus im Landesinnern (etwa 42 km). Die weit verstreuten Bauten, von denen bisher nur einige (erstaunlich hohe!) Tempel und Pyramiden des Zeremonialzentrums ausgegraben wurden, gruppieren sich um einige kleine Seen. Cobá war eine der frühesten und bedeutendsten Mayastädte und fast achthundert Jahre – bis ins 15. Jahrhundert hinein – bewohnt.

Zum letztenmal auf mexikanischem Gebiet kann man in der Grenzstadt Chetumal (380 km) an der acht Kilometer langen Playa Calderitas baden. Seit Quintana Roo selbständiger Bundesstaat ist und touristisch stark gefördert wird, nimmt die Stadt (etwa 90 000 Einw.) sichtlich Aufschwung. Hinzu kommt, daß der Status eines Freihafens und entsprechende Preise viele Interessenten von Spirituosen, Elektroartikeln, Parfüms usw. anlocken.

Kohunlich, 52 Kilometer westlich Chetumals, nahe der Straße 186 nach Francisco Escárcega im Dschungel gelegen, wurde als touristische Attraktion dieser Strecke und Zeugnis der klassischen Mayazeit sorgsam restauriert. Besonders schön ist der Aufgang zur großen Pyramide der Masken. Ihn flankieren einzigartige, etwa anderthalb Meter hohe Stuckmasken, die den Sonnen-(Schöpfer-) und Regengott symbolisieren.

Die Geschichte Mexikos – Ein Überblick

Die vorkolumbischen Kulturen

Die Eroberung Mexikos durch die Spanier setzte der rein indianischen Kulturentwicklung ein plötzliches Ende, danach entstand eine völlig neue Kultur. Unsere Kenntnisse der vorspanischen Kulturen sind noch sehr lückenhaft und werden es in vielem sicher auch bleiben, denn schriftliche Aufzeichnungen über das Leben gibt es nur aus der Zeit kurz vor der Eroberung. Des weiteren leidet die archäologische Forschung unter dem Mangel finanzieller Mittel sowie der Fülle potentieller Grabungsgebiete (in Mexiko schätzt man etwa vierzig- bis sechzigtausend archäologische Stätten).

Die Anfänge bis zum Beginn des Präklassikums (etwa 40 000–1500 v. Chr.)

Die Besiedlung des amerikanischen Doppelkontinents erfolgte in der letzten Eiszeit. Der Meeresspiegel war so weit gesunken, daß eine Landbrücke an der heutigen Beringstraße Asien mit Amerika verband. Auf seinen Jagdzügen folgte der Mensch dem Großwild (Mammut, Bison, Pferd, Kamel, Riesenfaultier). Die Datierungen dieser Einwanderung schwanken zwischen vierzig- und zwanzigtausend Jahren vor unserer Zeit. Seit etwa 9000 v. Chr. war auch die Südspitze des Kontinents bei Feuerland besiedelt.

In dieser paläoindianischen Epoche ernährten sich die Menschen von der Großwildjagd und dem Sammeln wilder Früchte und Pflanzen. Bei Ausgrabungen altindianischer Lagerplätze wurde bereits der Mahlstein (manos, metate) zum Zerreiben von Samen gefunden. Vor etwa neuntausend Jahren begann sich eine globale Klimaveränderung im Gebiet des heutigen Mexiko auszuwirken. Durch geringere Regenmengen oder eine für die Vegetation ungünstige Niederschlagsverteilung entstanden weite Steppen und Wüstengebiete, das Großwild starb aus. Die Nahrungsversorgung mußte jetzt mit Kleinwild und intensiver Sammeltätigkeit bestritten werden. In der Zeit von 6500 bis 5000 v. Chr., der sogenannten El-Riego-Phase, wurden erste Züchtungsexperimente mit Kürbis, Chili und Bohnen gemacht. Aus dem Hochtal von Tehuacan scheint der entscheidende Schritt für die weitere Entwicklung der mexikanischen Hochkulturen gekommen zu sein – die Züchtung von Mais aus wilden Vorformen oder dem Gras Teosinte. Die höheren Erträge des kultivierten Mais ermöglichten, daß die Stämme seßhaft wurden, größere Siedlungen entstanden. Steinwerkzeuge, Obsidiangeräte, Reibsteine und Steingefäße sind die archäologischen Zeugen dieser Zeit. Um 2400 v. Chr. wurde die Keramik entwickelt.

Die präklassische Zeit (1500–100 v. Chr.)

Der Ackerbau war nun Grundlage der menschlichen Ernährung geworden. Die Überschußproduktion der Landwirtschaft gestattete das Freistellen einer großen Zahl von Menschen für künstlerische Aufgaben; die Töpferei erreichte einen qualitativen Höhepunkt. Die vielen weiblichen Tonfiguren dieser Epoche lassen sich als Fruchtbarkeitssymbole interpretieren. Rumpf und Schenkel sind übergroß dargestellt, Arme und Kopf nur sehr klein.

In dieser Zeit entstand die Mutterkultur des mesoamerikanischen Raums, die Zivilisation der Olmeken. Der Name leitet sich von einem Stamm her, der bis in historische Zeit an der Nordostküste Mexikos lebte. Wie sich die Träger dieser archaischen Kultur nannten, welcher Stamm und welche Völker es waren, wissen wir nicht. An der Golfküste von Veracruz und Tabasco und jüngst auch im Gebirge des Bundesstaates Guerrero fand man die ältesten Plattformbauten aus gestampftem Lehm. Riesige Steinskulpturen als Abbilder des Jaguargottes und Kolossalköpfe mit verschiedenen rassischen Merkmalen – von mongolischen Zügen bis zum gekräuselten Haar der Afrikaner – sind erste Zeugen der Großplastik.

Ein weit ausgedehntes Netz von Handelsbeziehungen überzog ganz Mesoamerika (ein kulturgeographischer Begriff, der einen einheitlichen Kulturraum von Südwesten der USA bis nach Honduras definiert).

Im mittleren Präklassikum (800–400 v. Chr.) entstanden überall in Mexiko Plattformbauten für Altäre, umgeben von Höfen. Die gesamten Anlagen wurden nach astronomischen Konstellationen ausgerichtet. Eine künstlerische Sonderstellung nehmen die sogenannten «pretty ladies» («hübsche Damen») verschiedener Fundorte im Zentralen Hochland ein, weibliche Tonfiguren, vielleicht Fruchtbarkeitsfigürchen oder auch symbolische Begleiterinnen ins Jenseits. In der späten präklassischen Periode (400–100 v. Chr.) dürften die Schrift und das hochentwickelte Kalenderwesen in Mexiko entstanden sein. Bei Oaxaca begann man mit der planmäßigen Anlage des Zeremonialzentrums Monte Albán. Der Einfluß der olmekischen Hochkultur auf das Hochland schwächt sich nun ab.

Protoklassik und Klassik (100 v. Chr. – 900 n. Chr.)

Die Mexiko prägende Kultur dieser Zeit war die Teotihuacáns, benannt nach einer Zeremonialanlage, nicht weit von Mexico City entfernt. Die Bevölkerung dieser Stadt (bedeutender Obsidianhandel) nahm in den letzten Jahrhunderten vor Christus stark zu, um 100 n. Chr. dürfte sie bereits etwa fünfzigtausend betragen haben. Seit dem 2. Jahrhundert wurden in dem Zeremonialzentrum riesige Pyramiden an einer langen Prozessionsstraße gebaut, in wenigen hundert Jahren hatte die Stadt zweihunderttausend Einwohner. Charakteristische Kunsterzeugnisse waren Dreifußgefäße, steinerne Gesichtsmasken mit Einlegearbeiten, Federarbeiten und prächtige Wandfresken. Um 650 brach diese Kultur plötzlich zusammen. Wirtschaftliche und politische Gründe (Invasionen) scheinen diesen Umsturz ausgelöst zu haben.

An der Golfküste bildete sich in klassischer Zeit eine Kultur heraus, die nach den historischen Bewohnern dieser Gegend auch «totonakisch» genannt wird. Das wichtigste Zentrum war El Tajín («der Blitz»). In der Nähe des modernen Industrieorts Poza Rica liegen in einem feuchten Hochtal künstlich terrassierte Hügel mit Pyramidenbauten. Der bekannteste ist nach seinen ungefähr 365 Nischen «Nischenpyramide» benannt worden. Bemerkenswert ist das Material der Dachkonstruktion: Platten, die aus einer Masse aus Muschelkalk, Sand, Stroh und Holz gegossen wurden.

Joche (Yugos), Äxte (Hachas) und Palmwedel (Palmas), die typischen Steinskulpturen der Tajín-Kultur, geben noch Rätsel auf.

Möglicherweise standen sie in Beziehung zum Ballspiel. Dieses kultische Spiel stammt ebenfalls aus der tropischen Ostküstenregion und verbreitete sich in verschiedenen Spielvarianten in allen mexikanischen Kulturen. Zeichen dafür sind die Ballspielplätze in nahezu allen Zeremonialzentren des Landes. Bei dem Spiel wurde der Lauf der für die Existenz der Welt wichtigen Gestirne vom Menschen symbolisch nachgestellt.

Ehe in der Gegend von Oaxaca die Kultureinflüsse aus Teotihuacán spürbar wurden, hatten für viele Jahrhunderte olmekische Ideen dominiert. Dies läßt sich an den Reliefs der Gebäude in Monte Albán ablesen; sie zeigen Menschen mit eigenartig verzerrten Körperhaltungen (Danzantes), ganz in olmekischem Stil. Denselben Ursprung haben dort auch Schriftzeichen auf Steinplatten und die Darstellungen des Raubkatzengottes in verschiedenen Kombinationen mit tierischen und menschlichen Wesen.

In der klassischen Zeit hatte die Stadt Teotihuacán mit ihrer mächtigen Kunst auf Monte Albán den größten Einfluß. Nach ihrem Vorbild legten die Bewohner Plattformbauten um versenkte Höfe, eine Vielzahl von Grabkammern mit Kraggewölben und einen Ballspielplatz an. Komplizierte, große Figurengefäße aus Ton wurden in einer wahren Massenproduktion aus Modeln hergestellt. Um 800 wurde auch Monte Albán unerklärlicherweise plötzlich verlassen.

Die klassische Mayakultur kam aus dem Urwald. Sie entstand im südlichen Mexiko und Guatemala. Intellektuelle Höchstleistungen dieser Kultur waren die Schrift, eine sehr genaue Zeitrechnung und komplizierte astrologische Theorien, die über viele Jahrhunderte entwickelt worden waren. Eine kleine Priesterkaste lebte in den Zeremonialzentren im Urwald, nur zu den Festen besuchte sie die bäuerliche Bevölkerung, die in kleinen Weilern für die Ernährung aller sorgte. Zudem mußten die Bauern Arbeitsleistungen beim Bau der Pyramiden und Paläste erbringen. Die Zeremonialstädte bestanden aus großen Baukomplexen von Plattformen, Pyramiden, Palästen und Höfen.

Als Besonderheit der Mayaarchitektur muß das Kraggewölbe (auch Mayagewölbe) erwähnt werden. Mit immer weiter von den beiden Seitenmauern vorgeschobenen Steinen wurde ein falsches Gewölbe geschaffen, das eine große Stein-Mörtelmasse darüber zusammenhält. Diese Technik erlaubt es, nur Räume bis etwa drei Meter Breite zu überspannen und erklärt die langen, schmalen Räume, die in den Mayaruinen auffallen. Den sehr massig wirkenden Gebäuden sollte ein hoher, vielfach durchbrochener Dachaufsatz (Crestería) ihre etwas plumpe Erscheinung nehmen. Dammstraßen verbanden weit entfernte Zeremonialzentren. Seit dem Beginn des 9. Jahrhunderts wurden diese Zentren aufgegeben, nur im Norden, in der Puuc-Region der Halbinsel Yucatán, bestanden sie nach dem rätselhaften Niedergang der Mayakultur des Zentralgebiets bis ins Postklassikum hinein fort.

Postklassikum (900 bis spanische Eroberung)

Nach dem Niedergang Teotihuacáns blühten im zentralen Hochland lokale Zentren auf: Cholula (Puebla), Xochicalco (Morelos) und Tula (Hidalgo). Tula dürfte die Hauptstadt der Tolteken gewesen sein. Landwirtschaft und Fernhandel ernährten die rund fünfzigtausend Menschen, die in der Umgebung der Zeremonialbezirks lebten. Kriegergesellschaften müssen das Leben beherrscht haben. Seit dem Ende des 10. Jahrhunderts gelangten Züge der toltekischen Kultur bis nach Yucatán, vielleicht durch den überlieferten Auszug des Priesterfürsten Topiltzín Eins Rohr Quetzalcóatl aus der Stadt.

Im 12. Jahrhundert ging die toltekische Kultur unter. Kriegerische Gruppen drangen aus Nordmexiko ein und gründeten als Azekten oder Mexica eine Stadt mitten im See von Texacoco. Von dieser Stadt Tenochtitlán aus machten sie sich im 15. Jahrhundert fast ganz Mexiko tributpflichtig. Sie hatten eine streng organisierte, kriegerische Kultur. Ihre Religion forderte Menschenopfer in großer Zahl, um die nach Menschenherzen dürstende Sonne am Leben zu erhalten. Eine übergroße Angst vor einem Vergehen der Gestirne und dem so verursachten Ende der Welt trieb die Menschen zu diesen in unseren Augen grausamen Opfern.

Kunst im vorkolumbischen Mexiko war keine Kunst um der Kunst willen. Bildwerke und Architektur waren zweckgebunden, sie mußten Mittler zwischen Menschen und der göttlichen Sphäre sein. Wie auch das tägliche Leben wurde die Kunst ganz von der Religion bestimmt. Deshalb erscheint sie oft bedrohlich, schroff, manchmal fast unmenschlich – sie wurde nicht zur Freude der Menschen, sondern als notwendige Verbindung zur übernatürlichen Welt geschaffen.

Die einzige Ausnahme bilden die Kulturen der Westküste (Colima, Nayarit, Jalisco). Hier blühte eine sehr weltliche Kultur, die reichen Keramikfunde aus Gräbern erzählen aus dem täglichen Leben: Musiker, Krieger, Paare, Tiere und Pflanzen sind in Ton nachgebildet. Diese Betonung des Menschen und seiner Persönlichkeit – unabhängig von den allmächtigen Gottheiten – unterscheidet die Kunst der Westküste wesentlich von der des mexikanischen Hochlandes.

Nach der Eroberung

1519–1521 Hernán Cortés landet an der Golfküste und marschiert mit rund dreihundert Spaniern, bald auch einheimischen Verbündeten, zur Hauptstadt Tenochtitlán. Die Azteken sehen in seiner Ankunft auf den Kalendertag genau die Wiederkehr des zum Gott erhobenen Toltekenherrschers Quetzalcóatl und wagen zunächst keinen bewaffneten Widerstand.

Der Aztekenherrscher Montezuma II. (Schreibweise des Cortés) empfängt die Spanier als Ehrengäste. Sie verbringen dort vier friedliche Monate, haben jedoch den Herrscher bereits in «Schutzhaft» genommen. Dann aber muß Cortés zur Küste eilen, um sich einer spanischen Armee zu erwehren, die ihn gefangennehmen soll. Er kann den Befehlshaber überlisten und die Truppen auf seine Seite ziehen. Währenddessen erheben sich in der Hauptstadt die Azteken. Montezuma stirbt unter den Steinwürfen und Pfeilen der Aufständischen. In der «Noche triste» vom 30. Juni 1520 werden die Spanier aus Tenochtitlán vertrieben. Ein Jahr später kehren sie mit Tausenden von verbündeten Tlaxcalteken zurück. Nach zweimonatigen Kämpfen muß sich der letzte Aztekenherrscher Cuauhtémoc am 13. August 1521 gefangen geben. Die Spanier errichten auf den Trümmern von Tenochtitlán die ersten Bauten ihrer Hauptstadt, die bald Ciudad de México genannt wird. In ihrem Gefolge war aber auch die Pest auf den Kontinent gelangt. Sie wütet unter den Indios derart, daß ganze Landstriche entvölkert werden. So wird der «Schwarze Tod» zum schlimmsten Sieger in der Neuen Welt.

1521–1600 Unter dem Namen Nueva España (Neu-Spanien) werden die spanischen Kolonien in Zentral- und Südamerika ein eigenes Vizekönigreich mit der Hauptstadt México, wo bis 1821 62 Vizekönige residieren. 1551 erste Universitätsgründung.

1531 Nahe der Hauptstadt hat der Indio Juan Diego eine Marienerscheinung; diese «Jungfrau von Guadalupe» wird zur Schirmherrin ganz Lateinamerikas.

1650–1805 Die Grenzen werden nach Norden hin erweitert. Die Besiedlung von Texas, Neu-Mexiko und Kalifornien beginnt. – Alexander von Humboldt erforscht Mexiko (1803/04).

1810 Unter der Führung der niederen Geistlichkeit beginnt der Unabhängigkeitskampf. Der mexikanische Priester spanischer Abstammung, Miguel Hidalgo, läutet die Glocke seiner Pfarrkirche im Städtchen Dolores (Guanajuato) zum Aufstand und führt unter dem Ruf «Viva México, viva la Virgen de Guadalupe, que mueran los gachupines!» (Es lebe Mexiko, es lebe die Jungfrau von Guadalupe, Tod den Spaniern!) seine zusammengewürfelten Scharen in eine blutige Niederlage.

Der «Grito» wird noch heute vom Präsidenten am höchsten Nationalfeiertag (15./16. September) unter dem Läuten der Freiheitsglocke auf der Plaza de la Constitución (Zócalo) in Mexico City in veränderter Form wiederholt.

1811–1815 Hidalgo und sein Programm «Abschaffung der Sklaverei, Bodenreform, Aufhebung aller Monopole» sind zunächst gescheitert. Der «Vater der Unabhängigkeit» wird 1811 in Chihuahua hingerichtet.

1820–1825 Ein Offizier spanischer Abstammung, Agustín de Iturbide, zwingt den Vizekönig zur Abdankung. Die Unabhängigkeit von Spanien, Gleichberechtigung von Einheimischen und Spaniern sowie Aufrechterhaltung des katholischen Glaubens werden im Plan von Iguala (1821) festgelegt. Iturbide läßt sich zum Kaiser krönen, dankt aber bald zugunsten der Republik ab, die unter dem Namen «Vereinigte Mexikanische Staaten» und mit einer Verfassung nach dem Muster der USA ausgerufen wird. Erster Präsident wird Guadalupe Victoria. Die Spanier räumen ihre letzten Stützpunkte.

1825–1876 Politische Wirren erschüttern Mexiko. 1836 macht sich Texas unabhängig; über seinen Beitritt zu den Vereinigten Staaten von Nordamerika (1845) kommt es zwischen diesen und Mexiko zum Krieg. 1847 besetzen Amerikaner die Hauptstadt, und 1848 muß Mexiko den nördlichen Teil, Kalifornien, Arizona und Neu-Mexiko, an die USA abtreten. Gleichzeitig wird das Land von innen her durch den Aufstand der separatistischen Maya in Yucatán erschüttert.

1857–1864 Der Zapoteke Benito Juárez arbeitet als Justizminister eine neue liberal-föderalistische Verfassung aus, die auch die radikale Trennung von Staat und Kirche, weitgehende Enteignung des kirchlichen Besitzes und zum Teil des weltlichen Grundbesitzes postuliert. 1858 wird Juárez zum Präsidenten gewählt, muß aber einen dreijährigen Bürgerkrieg führen, ehe er sein Amt antreten kann. Um das Land vor dem völligen Ruin zu bewahren, erklärt er einseitig alle Auslandszahlungen für aufgeschoben. Das ruft die europäischen Gläubiger auf den Plan. Spanien und England treten bald zurück, aber Frankreich landet 1862 eine Interventionsarmee, die, zunächst von den Mexikanern bei Pueblo geschlagen, 1863 in die Hauptstadt einzieht. Juárez zieht sich ins Bergland zurück und führt von dort aus einen zähen Guerillakrieg.

1864–1867 Auf Veranlassung von Napoleon III. und einflußreichen Flüchtlingen in Europa wird dem Erzherzog Maximilian von Habsburg die mexikanische Kaiserkrone angetragen. 1864 betritt er mit seiner Gemahlin Charlotte von Belgien mexikanischen Boden. Er läßt die Anhänger von Juárez für vogelfrei erklären und stürzt das Land in einen neuen Bürgerkrieg, dem er 1867 in Querétaro selbst zum Opfer fällt.

1877–1911 Porfirio Díaz, durch einen Staatsstreich an die Macht gelangt, regiert mit diktatorischen Vollmachten. Das Land erholt sich finanziell, da Grundbesitzer und Industrielle begünstigt werden; ausländisches Kapital fließt herein, aber die Masse des Volkes sinkt in noch größeres Elend.

1910 Unter Führung des Großgrundbesitzers Francisco Madero kommt es zu revolutionären Unruhen. Madero wird 1911 Präsident, 1913 durch eine Militärclique ermordet. In einem Jahrzehnt blutiger Machtkämpfe der Konstitutionalisten (V. Carranza, Pancho Villa, A. Obregón) und einer Bauernbewegung unter Emiliano Zapata (ermordet 1919) anfänglich gegen Diktator Huerta, doch dann auch gegeneinander, nennt die Chronik die Namen von neun Präsidenten, von denen einer nur sechsundvierzig Minuten lang im Amt war.

1917 Eine neue Verfassung übernimmt die Reformgesetze des Juárez von 1859 und postuliert die Nationalisierung der Bodenschätze. Die Unruhen gehen weiter. 1920 wird Carranza ermordet.

1920 Die nächsten Präsidenten Obregón (1920–1924) und Calles (1924–1928) erlassen Gesetze zur Besserstellung und sozialen Sicherung der Arbeiter und für die Aufteilung des Großgrundbesitzes. Staatskapitalistische Maßnahmen fördern Industrie und Wirtschaft.

1934 Lázaro Cárdenas wird Präsident. Von nun an lösen sich die Präsidenten und Regierungen in Sechs-Jahres-Perioden ab. Die mehrfach umgestaltete PRI (Partido Revolucionario Institucional) ist ununterbrochen Regierungspartei. 1938 werden die ausländischen Ölfirmen enteignet.

1940–1958 Wirtschaftlicher Aufschwung unter den Präsidenten Ávila Camacho, Miguel Alemán und Ruiz Cortinez.

1942 Kriegserklärung an Deutschland, Italien und Japan.

1958–1964 Präsident Adolfo López Mateos startet ein großes Schulprogramm. Industrielle und die durch die Industrialisierung reich gewordenen Schichten investieren in Landbesitz, bewirtschaften wieder riesige Landgüter im alten Stil und unterlaufen so die noch nicht abgeschlossene Bodenreform (1960/1961 Unruhen).

1964–1970 regiert Präsident Gustavo Díaz Ordaz, der 1968 kurz vor den Olympischen Spielen Studentenproteste blutig niederschlagen läßt. Sie richteten sich gegen Korruption und soziale Mißwirtschaft. – 65 Prozent der Bevölkerung leben im Elend und haben den gleichen Anteil am Volkseinkommen wie vier Prozent der obersten Schicht.

Erneute Straßenschlachten und Verhaftungen im Herbst 1968 (Begnadigung der Internierten 1971).

1968 Olympische Spiele in Mexico City.

1970–1976 Unter Präsident Luis Echeverria werden touristische Zentren ausgebaut, ebenso die dezentralisierte Industrie.

1973 Bedeutende Ölfelder werden vor der Küste Yucatáns entdeckt.

1976–1982 Mexiko wird Ölmacht, gerät jedoch gegen Ende der Amtszeit der Präsidenten José López Portillo in eine enorme internationale Verschuldung und Steigerung der Inflation.

1982 Präsident Miguel de la Madrid übernimmt die Regierung in einer weltweiten Wirtschaftskrise und mit großen sozialen Problemen der Landflucht. Er beginnt eine große Kampagne gegen die Korruption.

1985 Ein schweres Erdbeben verursacht vor allem in Mexico City große Schäden.

1988 Der neugewählte Präsident Carlos Salinas de Gortari hat mit großen wirtschaftlichen und finanziellen Problemen zu kämpfen: obwohl der weltweit viertgrößte Erdölproduzent, hat Mexiko die zweithöchste Auslandsverschuldung in Lateinamerika.

Register

Kursive Ziffern verweisen auf Abbildungen.

Text- und Bildnachweis

Antonin Artaud, Die Tarahumaras. Revolutionäre Botschaften. Verlag Rogner und Bernhard, München 1975.
André Breton, Der Surrealismus und die Malerei. Propyläen Verlag, Berlin 1967.
André Breton, Das Weite suchen. Reden und Essays. Europäische Verlagsanstalt, Frankfurt am Main 1981.
Luis Buñuel, Mein letzter Seufzer. Athenäum Verlag, Königstein/Taunus 1983.
Lázaro Cárdenas, Obras, Tomo I (Apuntes 1913–1940). Mexiko, D.F. 1972. Aus dem Spanischen von Matthias Wolf.
Denkwürdigkeiten des Hauptmanns Bernal Diaz oder Wahrhafte Geschichte der Entdeckung und Eroberung von Neuspanien. Steingrüben Verlag, Stuttgart 1965.
Hans Magnus Enzensberger (Hg.), Bartolomé de Las Casas kurzgefaßter Bericht von der Verwüstung der Westindischen Inseln. Insel Verlag, Frankfurt am Main 1966.
Graham Greene, Gesetzlose Straßen. Aufzeichnungen aus Mexiko. Herder Verlag, Wien 1949.
Alexander von Humboldt, Gesammelte Werke, Band 9 und 10. Stuttgart 1889.
Egon Erwin Kisch, 18 Reportagen aus Mexiko. Aufbau Verlag, Berlin und Weimar 1967.
Naum Klejmann/Walentina Korschunowa (Hg.), Sergej M. Eisenstein: Yo – Ich selbst, Memoiren. Löcher Verlag, Wien 1984.
Claus Litterscheid (Hg.), Die Eroberung Mexikos. Drei Berichte von Hernán Cortés. Insel Verlag, Frankfurt am Main 1980.
Pablo Neruda, Ich bekenne, ich habe gelebt. Luchterhand Verlag, Darmstadt und Neuwied 1974.
Octavio Paz, Mexikanische Masken. In: Das Labyrinth der Einsamkeit. Suhrkamp Verlag, Frankfurt am Main 1985.
Octavio Paz, Mexiko und die Vereinigten Staaten. In: Der menschenfreundliche Menschenfresser. Geschichte und Politik 1971–1980. Suhrkamp Verlag, Frankfurt am Main 1981.
Octavio Paz, Quetzalcóatl und Tonantzin. In: Essays I. Suhrkamp Verlag, Frankfurt am Main 1979.
Anna Seghers, Crisanta. In: Erzählungen II. Auswahl 1947–1967. Luchterhand Verlag, Darmstadt und Neuwied 1977.
Luis Suárez: Diego Rivera. Bekenntnisse. Henschel Verlag, Kunst und Gesellschaft, Berlin 1966.
B. Traven, Der Danksagebrief. In: Der Banditendoktor. Mexikanische Erzählungen. Limmat Verlag, Zürich 1957.
John Womack, Sterben für die Indios. Zapata und die mexikanische Revolution. Atlantis Verlag, Zürich und Freiburg im Breisgau 1972.

Bildarchiv Bucher, München: S. 10, 11, 40, 41, 43, 50, 66, 67, 69, 70, 71, 72/73, 76, 77, 79, 82, 84, 85, 87, 106, 108
dpa, München: S. 45
Archiv Gerstenberg, Wietze: S. 51
Heinz Gumpelmayr, München: S. 95 u., 98 o., 139, 143
Roland E. Jung, Möhnesee-Echtrop: S. 29 o./u., 30/31, 32, 89, 92 u., 98 u., 102/103
Gerhard P. Müller, Dortmund: S. 101 o./u.
Polyglott-Verlag, München: Pläne im Kapitel Reiseführer Mexiko
Privates Archiv für Filmkunde, Köln: S. 80 o.l./r.
Ringier Dokumentationszentrum, Zürich: S. 57, 80 u.r.
Stiftung Deutsche Kinemathek, Berlin: S. 80 M. l./r., u.l., 81
Süddeutscher Verlag/Bilderdienst, München: S. 12, 13, 14, 15, 37, 39, 53, 54, 55, 109, 113, 114, 115
Alle übrigen Abbildungen: Hans-Ulrich Comberg

Impressum

Lektorat: Heribert Däschlein, Dieter Löbbert
Graphische Gestaltung: Peter Schmid
Anthologie: Matthias Wolf
Bilddokumentation: Robert Fischer
Herstellung: Angelika Kerscher

Printed and bound in Germany
ISBN 3 7658 0501 7

REISEBILDBÄNDE VON BUCHER

Vier Bücher in einem Band: Bildband – Essay – Anthologie – Reiseführer

Jeder Band ca. 160 Seiten, größtenteils durchgehend farbig. Mit historischer Bilddokumentation, Reiseteil sowie Karte. Format 24 x 30 cm. Gebunden, mit Schutzumschlag und farbigem Vor- und Hintersatz

«Überspitzt könnte man über die Länderbände von Bucher sagen: Wer eines der Bücher über ein bestimmtes Land nicht studiert hat, vorher oder nachher, der hat´s auch nicht erlebt, auch wenn er dort war.»
ORF, Studio Kärnten

Reisebildbände:

ALLGÄU
Fotografie: P. Schmid
Text: G. Köpf, W. Traurig, M. Kittel

BODENSEE
Fotografie: R. Gerth
Text: M. Walser, M. Kittel, W. Vogel

BUDAPEST
Fotografie: J. Kalmár
Text: A. Komarek, H. Knabe

DÄNEMARK
Fotografie: F. Dressler
Text: B. Henningsen, M. Eysell

FINNLAND
Fotografie: F. Dressler
Text: E. Winkler, O. M. Schneider

FLORIDA
Fotografie: J. Betz
Text: H. E. Gross und Polyglott-Redaktion

DIE FRANZÖSISCHE ATLANTIKKÜSTE
Südwestfrankreich von der Loire bis zu den Pyrenäen
Fotografie: T. Droste, M. Thomas; Text: T. Droste

GARDASEE · VERONA
Fotografie: E. H. Ruth
Text: E. Hess und Polyglott-Redaktion

HANNOVER
Fotografie: A. M. Mosler
Text: G. Buchholz

DER HARZ
Fotografie: H. Dressler
Text: W. Knape

HOLLAND
Fotografie: U. Müller-Moewes
Text: G. C. Vieten

IRLAND
Fotografie: H. Mante
Text: S. Weidemann und Polyglott-Redaktion

KANARISCHE INSELN
Teneriffa · Gran Canaria · Lanzarote · Fuerteventura · La Palma · Hierro · Gomera
Fotografie: F. Dressler
Text: S. Weidemann

MEXIKO
Fotografie: H.-U. Comberg
Text: J. Kiebranz und Polyglott-Redaktion

NAMIBIA
Fotografie: B. Bondzio
Text: B. Wiese, J. Kempf

NORWEGEN
Fotografie: F. u. H. Dressler
Text: L. Schneider

OSTFRIESLAND
Fotografie: A. Wehner
Text: D. Hartlap und Polyglott-Redaktion

PRAG
Fotografie: B. Bondzio
Text: P. Feyfar, K. Ladwigová

PYRENÄEN
Fotografie: M. Thomas
Text: F. J. Raddatz, T. Droste

RUSSLAND
Fotografie: F. Dressler
Text: K. Bednarz, H.-P. Riese, H. Engelhardt, W. Goworukhin

SARDINIEN
Fotografie: G. P. Müller
Text: B. Benedikt

SCHOTTLAND
Fotografie: K. U. Müller
Text: R. Hill

SCHWARZWALD
Fotografie: A. Käflein
Text: J. Lodemann und Polyglott-Redaktion

SCHWEDEN
Fotografie: F. u. H. Dressler
Text: B. Henningsen, O. M. Schneider

SPANIEN
Fotografie: H. Dressler
Text: J. Goytisolo, W. Hanke, S. Weidemann

THAILAND
Fotografie: M. Thomas
Text: B. Benedikt und Polyglott-Redaktion

UNGARN
Fotografie: J. Kalmár
Text: A. Komarek, H. Knabe

VIETNAM
Fotografie: L. Hechenblaikner
Text: F. Schwarzenauer

Edition Die deutschen Länder:

BAYERN
Fotografie: G. Kürzinger
Text: C. Amery, C. L. Reichert, M. L. Schmeer-Sturm

BRANDENBURG
Fotografie: H. Dressler
Text: G. de Bruyn, K. Pech, K. Wendler

BREMEN · BREMERHAVEN
Fotografenteam.
Text: H. Gutmann

HAMBURG
Fotografie: S. Hinderks
Text: B. Allenstein, A. Ohrenschall

HESSEN
Fotografie: G. Kürzinger
Text: G. Wohmann, A. Pletsch

MECKLENBURG-VORPOMMERN
Fotografie: F. Dressler
Text: J. Borchert, O. Emersleben, W. Kempowski

NIEDERSACHSEN
Fotografie: D. Ihlenfeldt
Text: H. Albertz, G. Buchholz

NORDRHEIN-WESTFALEN
Fotografie: J. Hoffmann
Text: J. Rau, J. Lodemann, H. Somplatzki

RHEINLAND-PFALZ
Fotografie: A. M. Mosler
Text: N. Erné, H. Mathy

SAARLAND
Fotografie: D. Ihlenfeldt
Text: A. Gulden, P. C. Keller

SACHSEN
Fotografie: A. M. Mosler
Text: D. Zumpe, G. Klieme, J. Karthaus

SACHSEN-ANHALT
Fotografie: H. Dressler
Text: P. J. Winters, F. Reinke

SCHLESWIG-HOLSTEIN
Fotografie: T. Krausz
Text: N. Gansel, R. Schröder, H. Hansen

THÜRINGEN
Fotografie: A. M. Mosler
Text: J. Rau, H. Stade, H. Weißhuhn

Stand Juli '93
Änderungen vorbehalten